알프스 시리즈-22

알프스 트레킹-5

융프라우 지역 일주

허금열

고교 시절 암벽등반을 시작으로 산의 세계와 만났다. 20대 초반, 1986년에 히말라야 참랑(7319m) 등정 후 북반구의 여러 만년설산과 알프스의 북벽들을 올랐다. 1990년부터 알프스와 인연을 맺고 등반 활동, 사진 촬영 및 산과 관련된 서적들을 발간하고 있다.

알프스 시리즈 - 22
알프스 트레킹-5(융프라우 지역 일주)

초판 : 2016년 1월 10일

짓고 펴낸이 ǀ 허금열
다듬은 이 ǀ 장정미
펴낸 곳 ǀ 도서출판 몽블랑
출판등록 ǀ 2012년 3월 28일 제 2012-000013호
대구광역시 수성구 교학로 11길 46번지
http://cafe.daum.net/GOALPS
(다음카페 고알프스)
vallot@naver.com

값 / 22,000원

ISBN 979-11-85089-06-5
ISBN 978-89-968755-2-9 (세트)

이 도서의 국립중앙도서관 출판시도서목록(CIP)은 서지정보유통지원시스템 홈페이지 (http://seoji.nl.go.kr)와 국가자료공동목록시스템(http://www.nl.go.kr/kolisnet)에서

목차

```
      책을 내면서              4
1 - 걷기에 앞서              10
2 - TdR(융프라우 지역 일주)  17
3 - TdR 트레킹 후기         220
4 - 내가 오른 봉우리들       238
5 - 각종 연락처             256
```

책을 내면서

알프스 명봉들의 향연장

 이 책에 소개한 융프라우 지역 일주(Tour of The Jungfrau Region, TJR) 코스는 베르너 오버란트 산군을 대표하는 세 봉우리 아이거와 묀히, 융프라우 그리고 베터호른과 브라이트호른 같은 알프스의 명봉들이 펼치는 파노라마의 향연을 멀리서 지켜보며 걷는, 스위스뿐 아니라 유럽의 대표적인 트레킹 코스이다. 필자는 1990년 여름 학창시절에 베르너 오버란트 산군을 처음으로 접했다. 당시 아이거 북벽등반을 위해 아이거와 묀히, 융프라우가 바라보이는 클라이네 샤이데크 언덕에서 여름 한철을 머물렀는데, 그때부터 맺은 알프스와의 인연이 아직까지 이어지고 있다.

 그 후 본격적으로 알프스의 몽블랑 산군에서 활동하던 십여 년 동안도 매년 한두 번 씩은 베르너 오버란트 산군으로 와 산행을 하곤 했었다. 주로 알파인 등반이었다. 아이거뿐 아니라 묀히와 그로스 피셔호른, 힌터 피셔호른, 핀스터라르호른 같은 4000미터 명봉들을 올랐다. 묀히 같은 경우는 네 번이나 오를 정도였지만 이 지역에서 트레킹만을 위한 산행은 많이 하지 않았다. 물론 멘리헨 언덕 주변이나 아이거 트레일 같은 코스는 등반 전후로 즐겨 걷곤 했지만 장거리 트레킹은 아니었다. 그래서 늘 베르너 오버란트 산군을 전체적으로 둘러보는 트레킹을 하고 싶던 차에 이번에 아내와 함께 걷게 되었다.
 이제껏 베르너 오버란트 산군을 가까이에서만 보다가 멀리서 보니 나무만 보다가 숲을 본 것처럼 그 규모와 경관이 달라 보여 새삼스러웠다. 4000미터 높이의 만년설산들을 오르면서 지켜본 모

습과는 달리 수직의 세계에서 간직한 추억과 눈앞에 펼쳐지는 광활한 수평의 세계가 어우러져 남다른 감동으로 다가와 가슴이 뛰었다.

이 책 8~9페이지의 지도는 대략적인 알프스의 주요 트레킹 코스들을 표시해두었는데, 필자가 이미 걸었거나 앞으로 걷고 싶은 코스들이다. 늘 그렇지만 필자와 아내의 희망은 보다 오래도록 알프스를 다양하게 체험하고 즐길 수 있었으면 하는 것이다. 이 책에 소개하는 융프라우 일주(TJR)는 매년 아내와 함께 그 꿈을 완성해가는 보고서인 셈이다. 그리고 보다 많은 이들이 알프스를 제대로 경험할 기회를 가질 수 있도록 이 책이 조그마한 도움이 되었으면 하는 바람이다.

아울러 위 코스들을 함께 걸은 나의 벗, 내 삶의 모든 영역에서 파트너인 아내에게 다시 한 번 더 고마움을 느낀다.

첫날 맨들레넨 산장 위에서
본 인터라켄 쪽 일몰.

융프라우 지역 일주(TJR)는 원래 9~12일 걸리는 코스인데, 이 책에서는 다섯 구간으로 단축했다. 필자가 걸었던 트레킹 전반에는 여유라곤 없이 강행군했으며, 후반에는 날씨가 나빠 일정을 줄인 탓도 있고 편집상의 이유도 있다. 다시 갈 기회가 있으면 베르너 오버란트 산군을 보다 느긋하게 즐기면서 후반기 구간, 특히 라우터브루넨 계곡에 다시 찾아가 쉴트호른에도 올라 보고 싶다. 필자가 오래 전부터 알프스를 찾았다고는 하지만 이방인의 입장에서 알프스 산간 각 지역의 문화와 풍습을 제대로 파악하여 소개하지 못한 점은 널리 양해를 구한다. 아울러 앞으로 발행할 산행 안내서에 보다 충실하고 풍부한 내용을 전달하도록 노력하겠다. 이 책이 이번 구간들에 대한 트레킹의 완벽한 정보일 수는 없지만, 국내에서 처음 소개하는 만큼 보다 많은 이들이 걸어서 더 풍부한 정보들을 나누는 계기가 되었으면 좋겠다.

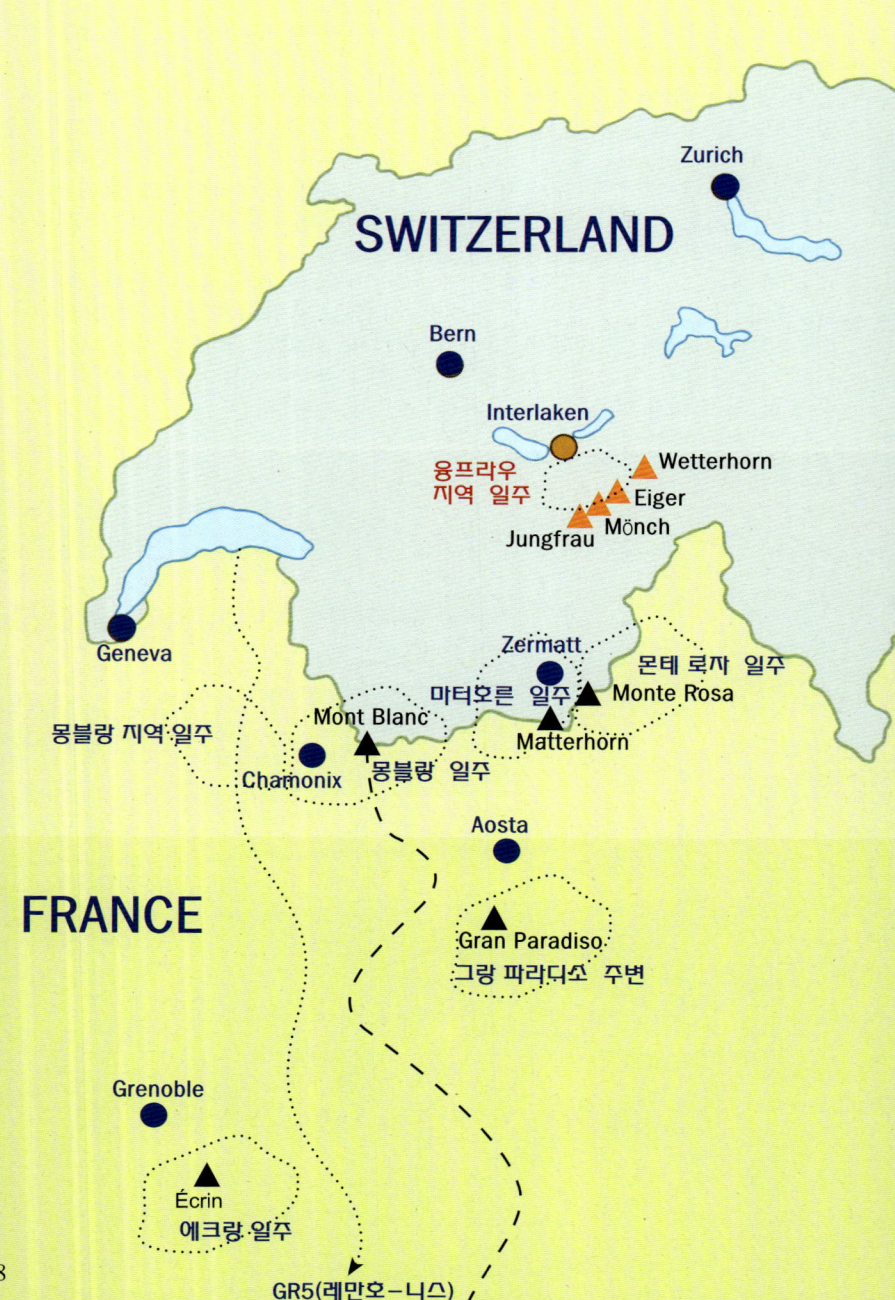

융프라우 지역 위치도 & 알프스 주요 트레킹로

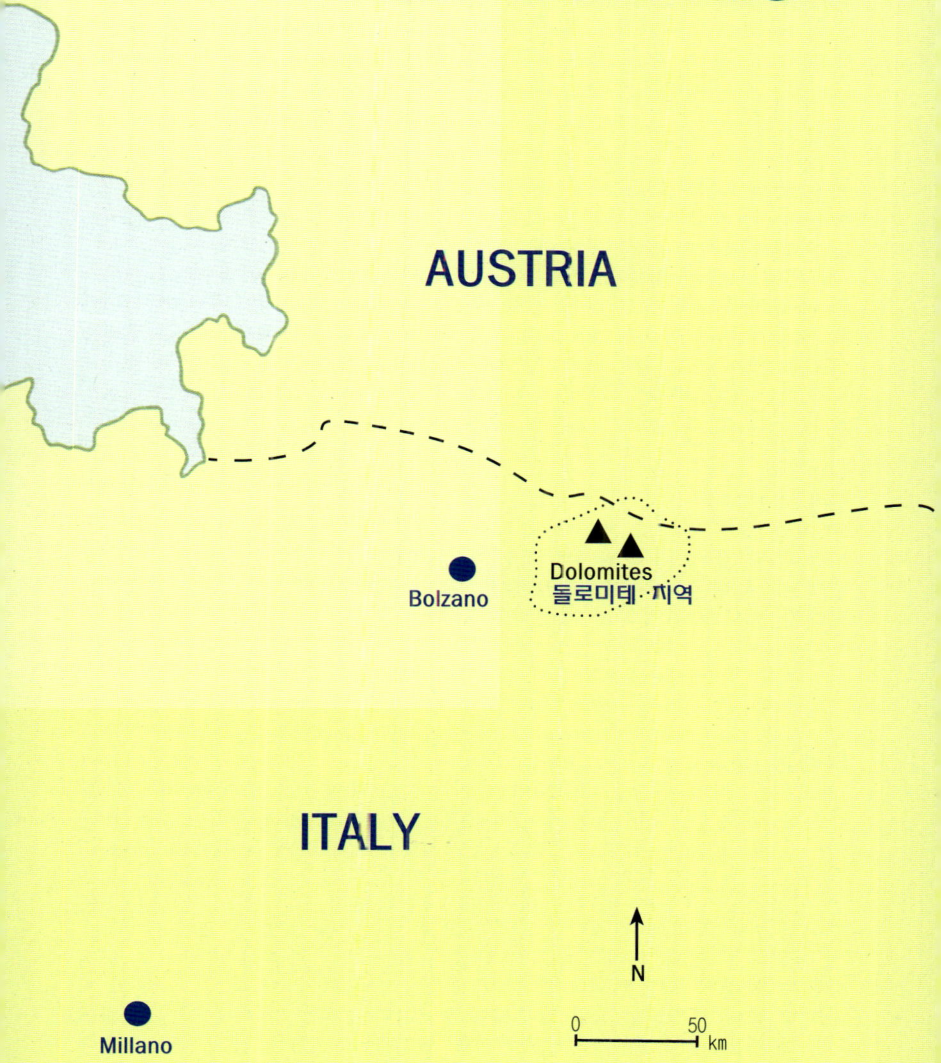

AUSTRIA

Dolomites
돌로미테 지역

● Bolzano

ITALY

● Millano

1-걷기에 앞서

필자는 알프스 산행 경험이 많지만 이 트레킹 안내서는 단편적으로 경험한 내용으로 엮였기에 일주 트레킹 코스 각각에 대한 상세한 설명이 부족할 수 있다. 일부 정보들은 바뀔 수 있으니 보다 최신의 정보를 가진 트레커들의 실제 체험기 등을 참고하면 더 도움이 될 것 같다. 이 책은 독자들이 보다 험하고 새로운 트레킹 준비를 위한 도구일 뿐 실제 트레킹에서는 자신의 의지와 경험, 지식과 판단으로 어려움을 헤쳐 나가야 할 것이다. 실제로 오랫동안 알프스의 봉우리들을 오르내린 필자도 많은 짐을 지고 넘은 고갯마루는 힘겨웠으며 몇몇 구간에서는 길 찾기에 애를 먹었다. 주변의 지형지물을 살피면서 늘 긴장의 끈을 놓지 않고 걸어야 길을 잃어버리지 않을 것이다.
이 책에 서술한 일주 코스의 각 구간들은 편의상 나누었을 뿐이며 자신의 체력이나 능력에 따라 조정할 필요가 있다. 필자처럼 산장 대신 텐트를 이용하려면 시간이 더 필요하고 많은 짐을 지고 고개들을 오르내릴 강인한 체력을 길러야 한다. 산장을 이용하려면 본문에 기술한 내용대로 산장에서 산장으로 이동하면 무난할 것이다. 이 책에 표기된 산행 시간과 트레킹 중 만나는 이정표에 적혀있는 산행 시간은 차이가 나는 경우가 많다. 이정표의 시간은 터무니없게 잘못 표시된 경우도 있는데, 대개 일반적인 산행 시간보다 짧게 표시되어 있다. 쉬거나 사진을 찍는 시간 등을 감안하여 여유 있게 계획을 세워야 한다.
트레킹 코스 곳곳의 큰 산악마을에 위치한 관광안내소에 문의하면 많은 도움이 될 것이다. 융프라우 지역 일주(TJR)의 경우 인터라켄이나 그린델발트, 뮤렌, 혹은 라우터브루넨 같은 산악마을에 있는 관광안내소는 트레킹 정보를 친절하게 제공하고 있다.

트레킹 시기

융프라우 지역 일주는 2000미터 이상의 고갯마루를 넘어야 하기에 트레킹은 대개 7월부터 9월 중순이 좋다. 시즌 초반인 6월이나 7월 초순까지 높은 고개나 북측 사면에는 눈이 남아 있어 이에 대비해야 한다. 7월 중순부터 8월 말까지 휴가객들이 많이 몰리는 시기에 산장이나 호텔을 이용하는 경우는 예약을 하는 게 바람직하다. 대부분의 산장은 6월 말이나 7월 초에 문을 열기 때문에 이를 고려하여 계획을 세워야 한다. 초여름에는 알파인 언덕에 야생화들이 개화하는 장관이 펼쳐지고 한여름에는 만발한 꽃들뿐 아니라 휴가객들도 많이 만나게 된다. 알파인 지대의 가을이 시작되는 8월 말부터는 2000미터 이상 고개에 신설이 내리기도 하지만 아름다운 가을 분위기를 만끽할 수 있다. 간혹 9월 초순에 한동안 안정된 날씨가 지속되기도 해 한적한 트레킹을 즐길 수도 있다.

교통
 융프라우 지역 트레킹을 위해서는 인터라켄이 가장 편리한 교통도시인데, 쥐리히나 제네바 공항에서 열차로 이동하면 편리하다. 인터라켄에서 TJR의 출발지인 빌더스빌 마을은 그린델발트나 라우터브루넨행 열차로 한 정거장 거리에 위치해 있다. 빌더스빌에서 쉬니케 플라테행 산악열차는 기차역에서 바로 갈아타면 된다.

숙박
 여름 시즌에는 호텔에서부터 여행자 숙소(지트, 도미토리), 산장 및 캠핑장에 이르기까지 다양한 숙소를 이용할 수 있다. 연락처는 <5-주요 산장 연락처>를 참고하기 바란다. 호텔이나 산장 등을 이용할 경우 트레킹할 때 먹을 간식이나 점심 등은 전날 저녁에 미리 주문해두면 출발 전에 받을 수 있다. 산행 중 만나는 산장에서 점심을 먹을 순 있지만 저녁 때까지 산장이 없는 구간도 있으니 식량(행동식 등)을 충분하게 준비하는 게 좋다.
 인터라켄이나 빌더스빌, 그린델발트, 뮤렌, 라우터브루넨 같은 산악마을에는 여러 등급의 호텔이 있으며 캠핑장도 이용할 수 있다. 일주 트레킹 중 캠핑은 마을 주변이나 도로변 등 저지대에서는 피하는 게 좋으며, 돌사태가 있을 만한 지대나 양이나 소들을 방목하는 장소도 피해야 한다. 그리고 산장에 따라 조금씩 차이는 있지만 저녁 식사 및 아침 식사뿐 아니라 따뜻한 샤워도 가능한 곳이 있다. 술과 음료수도 구입할 수 있다. 대개 6월 말부터 9월 중순까지 산장 문을 연다. 산장 숙박료는 석식 및 조식을 포함하여 50~70 스위스 프랑(SF) 내외이다. 트레킹할 때 생기는 쓰레기는 (산장에는 쓰레기통이 없기에) 지니고 하산하여 산악마을에서 버려야 한다.

언어
 이 책에 소개된 일주 트레킹 코스는 모두 스위스 국경 내에 위치해 있어 독일어가 사용되지만 영어만 사용해도 큰 불편이 없다. 간혹 알프스 산골에서 영어가 통하지 않을 수 있지만 지도 등을 펼쳐 보이면 길을 잃을 염려는 없다. 만국공통어인 몸짓손짓은 어떤 경우에도 통하니 언제든 현지인에게 도움을 요청할 수 있다.

화폐
 일부 산장에서는 카드도 사용 가능하지만 스위스 프랑 및 유로화를 현금으로 지니고 다니는 게 편리하다. 산골의 레스토랑이나 카페, 산장에서는 현금 사용이 일반적이다. 인터라켄, 빌더스빌, 그린델발트, 라우터브루넨 등에 현금 지급기가 있다.

트레킹의 어려움

융프라우 지역 일주(TJR)는 마터호른이나 몬테로자 일주처럼 빙하 지대를 통과하지는 않지만 이른 시즌인 7월 초순까지 높은 고개의 북사면에 눈이 남아 있을 수 있다. 가파른 알파인 고개들을 넘고 좁은 산허리길을 지나게 된다. 특히 쉴트호른을 오르내릴 때 주의해야 한다. 일반적으로 모든 코스에 이정표가 있으며 다리와 철 계단, 쇠사슬 등이 잘 설치되어 있다. 하지만 간혹 낙석이나 눈사태 등으로 길이 유실되는 경우가 있으며 심지어 다리가 끊겨 있을 수도 있다. 사전에 이런 상황을 확인할 필요가 있는데, 반대편에서 오는 트레커에게 확인하거나 산장에서 알아볼 필요가 있다. 비나 눈이 내릴 경우에는 길이 미끄럽거나 낙석의 위험이 커 주의해야 하며, 악천후에 대비한 방한의류 등 철저한 준비가 필요하다. 모레인 돌밭이나 눈밭을 반나절은 걸을 수 있을 정도로 발목이 충분히 긴 등산화를 신는 것이 좋다.

응급 구조
경찰비상전화 : 117
헬리콥터 구조대 : 1414 (절대적인 응급상황시에만!)

산에는 여러 종류의 객관적인 위험요소들이 있는데, 베르너 오버란트 산군도 예외는 아니다. 트레킹이 위험한 산악활동은 아니지만 (심지어 위험한 알파인 벽등반보다 더) 매년 사고 건수가 많다고 한다. 등반보다 트레킹을 즐기는 인구가 더 많기 때문이다. 여름 시즌의 알프스 2~3000미터 고지는 (특별한 경우가 아닌 한 악천후가 발생하지 않아) 누구나 지내기 좋은 산악 환경이다. 응급 상황 외에는 장비를 잘 갖추고 체력을 충분히 기르면 보다 멋진 트레킹을 즐길 수 있다. 인터라켄이나 그린델발트, 라우터브루넨 같은 마을 외에는 병원이나 약국이 없으니 비상약 등도 준비할 필요가 있다.
 일반적으로 알프스 산골에서 휴대 전화 통화가 가능하지만 일부 지역에서는 안될 수 있다. 구조 요청을 위해서라도 휴대 전화는 필요하며 정확한 위치와 전화번호를 구조대에 알려주어 신속한 구조가 이루어질 수 있도록 한다. 특히 스위스에서는 구조비용이 만만치 않으니 꼭 필요한 경우에만 구조 요청을 해야 한다. 스위스에서는 무료 구조 및 무료 치료는 기대할 수 없기에 적절한 보험을 들고 관련서류도 지참하는 게 좋다.

장비

 2000미터 고지 알파인 트레킹에 필요한 일반적인 장비가 필요하지만, 눈 덮인 고개를 넘어야 하는 경우에도 대비해야 한다. 필자의 경우 아이젠이나 피켈, 로프 등을 가져가지 않았지만 6월 말이나 7월 초, 혹은 눈이 많을 경우 높은 고개의 가파른 지대에서 필요할 수도 있다.

의류 : 트레킹을 하다보면 시기나 높이에 따라 아주 덥거나 몹시 추운 경우가 있다. 2000미터 고지의 한낮 평균기온은 10~15도 정도지만 비나 눈이 내릴 경우 기온이 급강하해 한여름에도 1500미터 지대까지 눈이 내리기도 한다. 거기에 바람까지 불면 훨씬 더 춥기에 방풍의류가 필수적이다. 반팔 티에서부터 두꺼운 파일 재킷까지 배낭 무게에 맞춰 적정량(나의 경우 반팔 티 두 개, 파일 재킷 하나, 방풍방수 의류 하나, 여분의 속옷 한 벌)을 준비해야 한다.
배낭 : 산장을 이용하면 그다지 클 필요가 없지만 야영을 위해선 모든 짐을 넣을 만큼 충분히 커야 한다. 비에 대비해 배낭 커버는 필수적이다.
등산화 : 장거리 산행에는 발목이 길고 바닥이 휘지 않는 등산화가 좋다.

 기타 워킹용 스틱, 얇은 장갑, 양말 두어 켤레, 방한모, 챙 모자 등이 필요하다. 아울러 가벼운 식기류와 가스버너 등도 준비하면 (모든 식사를 산장에서 해결하더라도) 트레킹을 하면서 간혹 요긴하게 쓸 수 있다. 스크루 형식의 등산용 가스는 대개 큰 산악마을에서 구입 가능하다. 알프스 고지대에선 태양 광선이 강하기에 챙 모자와 선글라스, 선크림 등도 필요하다. 카메라와 수첩 등도 준비하면 보다 멋진 추억거리를 남길 수 있다.

융프라우 지역의 동식물들

융프라우 지역 트레킹은 계곡 바닥인 산간 마을(빌더스빌, 584m)에서부터 높은 고갯마루(쉴트호른, 2970m)까지 걷는데, 각 고도별로 다양한 야생화들이 핀다. 많은 꽃들이 자연보호법으로 보호를 받고 있는데, 트레킹 중에 만나는 꽃의 개화는 시기에 따라 달라진다. 알파인 지대에서는 6월 말부터 9월 말까지 다양한 꽃들이 피고 진다. 초여름에는 마을 주변의 저지대에서 꽃들이 만개하기 시작해 2000미터 고지까지 이어진다. 하지만 그보다 높은 곳에서는 그제야 겨울눈이 녹기 시작하기에 꽃이 피지는 않는다.

한여름이 되면서 저지대 풀밭에서는 풀을 베어 건초 만들기가 한창이지만 2000미터 이상에서는 꽃들이 피기 시작한다. 알프스의 장미 알펜로제가 이때 한창인데, 철쭉을 닮은 꽃들이 1500~2500미터 사면을 수놓는다. 이런 진홍색 꽃밭은 트레킹 내내 즐거움을 더해준다. 저지대에서 보던 꽃들을 고지대에서도 보게 되는데, 크기는 보통 더 작지만 색깔과 향이 진하다. 2500~3000미터 고지에서는 진정한 알파인 종들을 만나게 되는데, 바위 사이에 아주 작게 자라고 있다. 이 꽃들은 눈이 내리기 전까지 약 6주 정도만 피었다 진다. 그러므로 에너지를 저장하기 위해 크기가 아주 작고, 곤충들의 이목을 끌기 위해 색상 또한 화려하다. 알파인 지대의 고개들을 넘으며 지켜보는 이런 꽃들의 아름다움도 알프스 트레킹이 주는 기쁨 중 하나다. 한편 2000미터 내외의 알파인 지대를 걸으며 맛볼 수 있는 산딸기와 블루베리도 트레킹을 즐겁게 한다.

또한 고도에 따라 바뀌는 다양한 종류의 나무들을 관찰하는 일도 흥미롭다. 알프스에는 주로 전나무와 소나무로 이루어진 침엽수림이 많다. 이런 숲들은 낙엽 침엽수들이 많아 봄이면 연한 녹색으로 돋아나 가을에 황금빛으로 물든 후 떨어진다. 베터호른과 아이거, 융프라우 북사면의 원시림 지대는 알프스다운 자연미를 그대로 간직하고 있었다.

알파인 지대를 걷는 또 다른 즐거움 중 하나는 야생동물을 만나는 일이다. 알프스에는 수많은 종류의 동물과 새들이 있는데, 트레킹을 하다 보면 종종 만나게 된다. 샤모아, 아이벡스(산양), 그리고 마멋은 자주 볼 수 있지만 많은 동물들이 계곡과 알파인 초원, 모레인 지대에서 살고 있다. 숲에는 여러 종류의 사슴이 있는데, 일반적으로 이른 아침이나 황혼녘에 보인다. 약 1500미터 아래에 서식하는 멧돼지는 가끔씩 트레킹 길 옆 흙을 마구 파헤쳐 놓기도 한다.

알프스 트레킹을 하다보면 여러 야생동물을 만나게 될 것이다. 분명 그들이 먼저 알아차리겠지만 너무 소리쳐서는 안 된다. 풀밭 바위지대는 산토끼들이 사는데, 겁이 많고 호기심도 있어 바위 주변을 잽싸게

서성인다. 한편 드물긴 하지만 살쾡이도 있고, 지금은 없는데 예전에는 곰도 있었다고 한다. 늑대나 여우 등도 있지만 좀체 만날 수 없을 것이다. 하지만 토끼나 마멋이 천적에 당한 잔혹한 잔해는 필자가 몇 번 목격한 바가 있다. 산양 등 야생동물을 대하면 반갑다. 사진을 찍어 그 순간을 기록하는 건 좋은데, 그들을 놀라게 하지는 말아야 한다. 막무가내로 피사체에게 다가가거나 소리쳐 멀리 도망가게 해서는 안 된다. 고배율의 망원렌즈를 준비하거나 자신의 눈에 담는 걸로 만족하자.

산장 예절

산장에 도착하면 트레킹 때 신은 신발은 털어서 입구 바로 안쪽에 있는 선반에 두고 산장 실내화로 갈아 신는다. 이어 산장지기에게 예약한 이름을 밝히고 침상을 배정 받는다. 대개 산장에서 제공하는 저녁 및 아침 식사는 이미 정해져 있는 경우가 많다. 드물게 메뉴를 정해야 하는 경우도 있으니 특별히 원하는 음식이 있으면 미리 말해둬야 한다. 산장 이용료는 보통 저녁식사 후에 현금으로 지불한다.

담요와 베개는 산장에 구비 되어 있지만 위생을 위해 침낭 내피 정도는 지니고 다니면 좋다. 산장에 따라 새벽 일찍 출발하는 알피니스트들 때문에 간혹 잠을 설치는 경우도 있다. 저녁 일찍 잠자리에 드는 그들의 잠을 방해하지 않도록 한다. 일반적으로 저녁 10시가 소등 시간이기에 그 전에 잠자리에 들어야 다음날 트레킹을 위한 휴식을 충분히 취할 수 있을 것이다. 단체로 산장을 이용할 경우에는 다른 이용자들의 휴식을 방해하지 않도록 목소리를 낮추는 등 예의를 지킨다.

오버슈타인베르크 산장

파울호른으로 이어진
능선길.

Tour of Jungfrau Region
2-융프라우 지역 일주
TJR

융프라우 지역 일주
(Tour of Jungfrau Region)

루트 개요

위치	스위스 중부, 베르너 오버란트 산군 서쪽 외곽 지역
출발/종착지	빌더스빌(Wilderswil)
총 거리	111~135km
소요일	7~11일
최고 고도	2970m
숙박	산장 및 호텔, 캠핑
난이도	보통

　베르너 오버란트 산군 북서쪽 외곽 지대의 2000미터 고지를 한 바퀴 도는 융프라우 지역 일주(TJR)는 알프스의 대표적인 트레킹 코스다. 하지만 각 전망대나 이름난 알파인 호수 또는 산장까지만 즐기는 이들은 많아도 전체 코스를 일주하는 트레커는 많지 않다. 유명 트레킹 코스이긴 하지만 라우터브루넨 계곡 쪽은 상대적으로 한적하게 트레킹을 즐길 수 있다. 처음 이틀 구간은 아이거와 뮌히, 융프라우와 나란히 걷지만 그 후 방향을 틀어 라우터브루넨 계곡을 둘러보고 서쪽으로 길을 잡아 베르너 오버란트 산군과 멀어지면서 초반과는 다른 파노라마가 한눈에 들어온다. 후반기인 라우터브루넨 계곡 등 몇몇 구간에서는 야생성과 자연미가 잘 보존되어 있으며 트레커들로 붐비지 않아 호젓하게

트레킹을 즐길 수 있다.

 윰프라우 지역 일주는 100년도 더 전에 만들어졌는데, 그 전에 있던 여러 길들을 정비하고 이어 일주 코스를 만들었다. 쉴트호른 오르는 길을 제외하고 길은 험하지 않다. 하지만 여름 성수기를 벗어난 7월 이전이나 9월부터는 산장이 문을 닫는 경우가 많으니 캠핑을 하면서 트레킹을 할 준비와 체력이 필요하다. 시간 여유가 없으면 몇몇 구간을 끊어 걸어도 좋다.

 이 책에서는 5구간으로 나누었지만 한 구간이 하루 일정은 아니며 대체로 마을에서 마을까지, 계곡에서 계곡까지로 나누었다. 트레커는 그때그때 형편에 맞게 잠자리를 택할 수 있으며 변형 코스들도 있다. 전 구간을 완주하려면 9일 이상 걸린다. 시간이 넉넉하면 일정을 더 길게 잡을 수도 있다. 가능한 곳에서 케이블카나 버스, 택시 등을 이용해서 연결 구간을 단축하면 5일 만에 완주할 수도 있다.

 베르너 오버란트 산군 서북쪽 외곽 지역을 한 바퀴 도는 일주 코스는 알프스에서 가장 아름답고도 멋진 파노라마를 지켜볼 수 있는 트레킹 코스 중 하나일 것이다. 2000미터가 넘는 고개들을 넘으며 약 111km 거리를 한 바퀴 도는데 9일 정도 걸린다. 대부분의 트레커들은 산장을 이용하는데, 숙박 및 저녁/아침식사가 포함된 산장 이용료는 1일 약 51~74 스위스 프랑 정도다. 인원이 많을 경우 예약 후 찾아야 한다. 캠핑도 가능하지만 무거운 짐을 지고 고개를 오르내릴 수 있는 체력이 필요하다. 도중에 만나는 산장에서 점심도 가능하며 이삼일 거리마다 만나는 큰 산간 마을에서 식료품을 구입할 수 있다. 출발지는 교통이 편리한 빌더스빌에서 시작해 끝내는 편이 좋다. 필자는 시계 방향으로 돌았지만 시계 반대 방향으로도 돌아볼 만하다.

그로세 샤이데크 언덕.

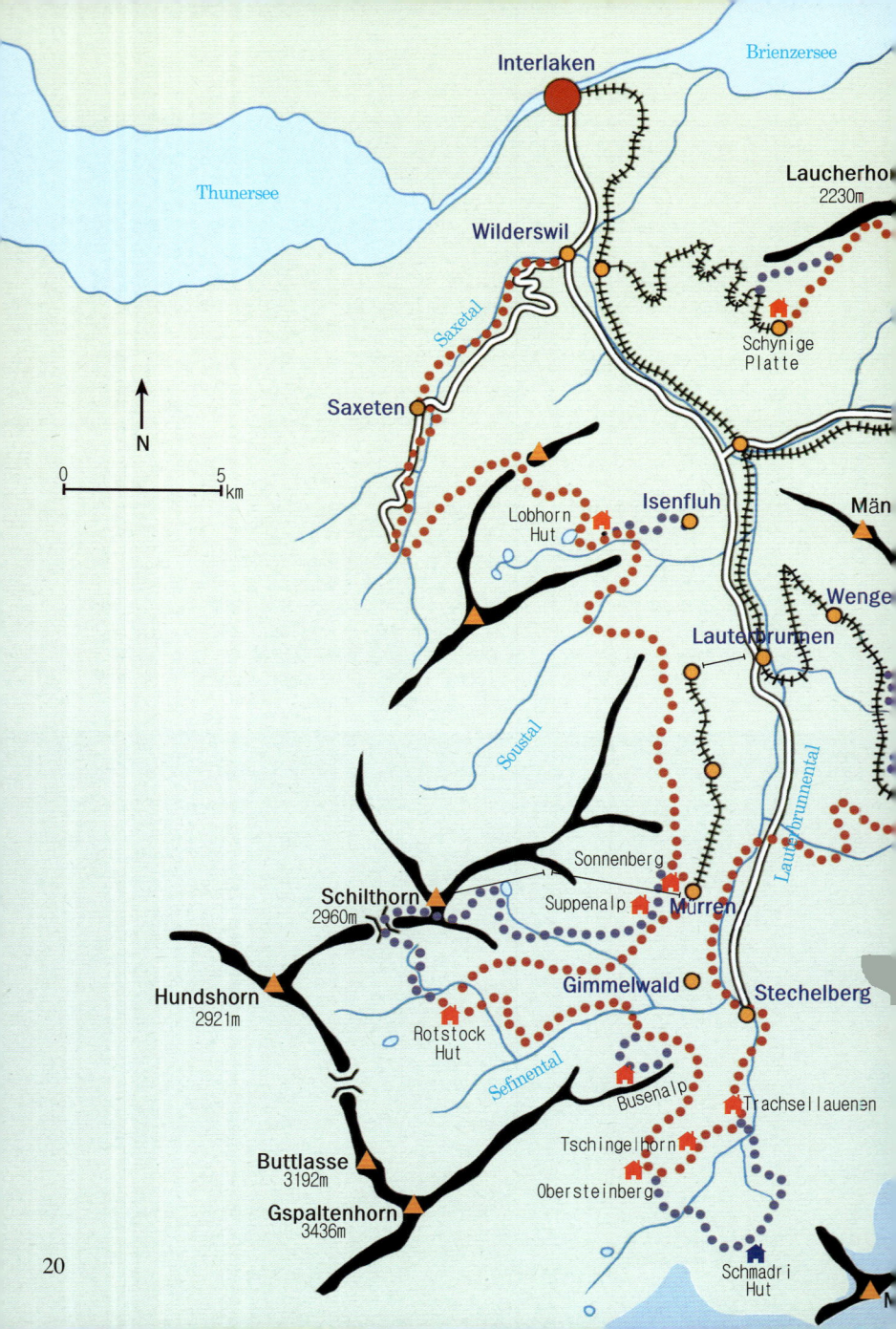

1 구간 쉬니케 플라테 - 피르스트

쉬니케 플라테(Schynige Platte, 1967m) – 멘들레넨(Männdlenen, 2344m) : 2h 40mins
Schynige Platte(1967m) – 파울호른(Faulhorn, 2861m) : 4h
Schynige Platte(1967m) – 바흐제(Bachsee, 2265m) : 5h
Schynige Platte(1967m) – 피르스트(First, 2167m) : 6h

총 거리 : 약 15km
상행고도 : 714m
하행고도 : 514m

쉬니케 플라테에서 파울호른까지 완만하게 산허리를 끼고 오르는데, 융프라우 일주에서 최고의 파노라마 조망 구간이다. 피르스트로 내려가는 하산길 또한 파노라마를 앞에 두고 걷는 편한 길로서 바흐제 호수에서 또 한 번 멋진 풍경을 즐길 수 있는 구간이다.

　융프라우 지역 일주에서 첫 구간은 아마도 알프스에서 가장 경치가 좋은 코스 중 하나일 것이다. 하지만 2000미터 이상 높이에서 먼 거리를 횡단해야 하기에 날씨가 나쁜 경우 주의를 해야 한다. 제기스탈 계곡 위 북측 산허리길은 초여름까지 눈이 많아 설사면을 가로지를 때 미끄러지지 않도록 조심해야 하며 멘들레넨(Männdlenen) 산장 위 언덕에서 파울호른 아래의 가슨보든 안부(2553m)까지는 확 트인 능선길이라 바람이 심하거나 눈보라가 칠 경우 위험하기까지 하다. 각 산장들은 시설이 잘 되어 있어 알프스의 산정에서 충분히 편안한 밤을 맞을 수 있다. 멘들레넨 산장은 하룻밤 51스위스 프랑(석식 및 조식 포함)으로 저렴한 편이다.
　한편 캠핑의 경우, 필자가 캠핑한 멘들레넨 산장 위 능선에는 날씨가 좋을 때에나 캠핑이 가능하며 물도 준비해 가야 한다. 보통 바흐제 호숫가에 텐트를 치곤 한다.

Berghotel Schynige Platte(1980m) : 5월~10월(tel. 033 828 7373)
Berghütte Männdlenen(Weber Hut, 2344m) : 6월 말~10월 중순(tel. 033 853 4464)
Berghotel Faulhorn(2681m) : 6월 말~10월 중순(tel. 033 853 2713)
Berghaus First(2167m) : 5월 중순~10월 말(tel. 033 853 1284)

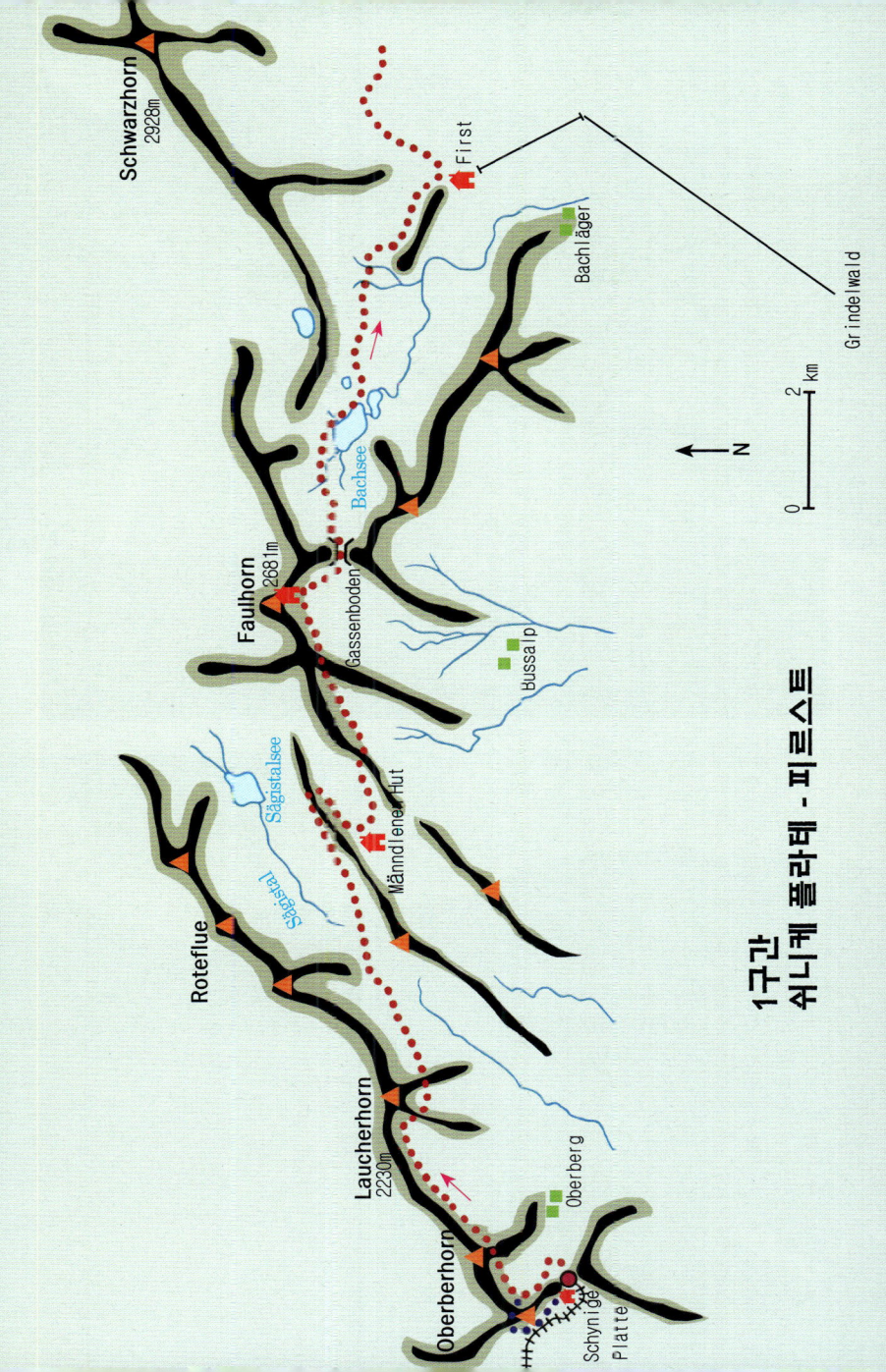

융프라우 지역 일주(TJR)는 인터라켄 다음 역인 빌더스빌(Wilderswil, 584m)에서 선로 건너편에 있는 빨간색 산악열차로 갈아타고 쉬니케 플라테로 올라 시작한다. 저 멀리 왼편에 융프라우가 솟아 있다.
작은 휴양지인 빌더스빌은 여행객으로 붐비는 인터라켄과는 달리 조용해서 주변 여행을 위한 이상적인 출발지이다. 빌더스빌은 그린델발트와 라우터브루넨 방면의 뤼첸 계곡 입구, 인터라켄을 중심에 둔 툰 호수와 브리엔츠 호수 사이의 "뵈델리(Bödeli)" 남쪽에 위치해 있다.

톱니바퀴가 달린 산악열차를 타고 쉬니케 플라테로 오르면서 뒤돌아본 빌더스빌의 모습. 마지막 날 마을 뒤편의 골짜기로 내려온다.

산악열차를 타고 본 인터라켄과 튠 호수(Thunersee)

19세기부터 운행했다는 톱니열차로 1400미터 고도를 50분 걸려 도츠한 쉬니커 플라테 전망대(1967m).
기차역 뒤편 식물정원으르 난 길에서 일주 트레킹이 시작된다.

쉬니케 플라테 풀밭에서 알프호른을 연주하는 이들. 뒤편 그린델발트 위에 슈레크호른과 베터호른이 솟아 있다.

묀히 융프라우 브라이트호른

라우터브루넨

쉬니케 플라테에서 본 베르너 오버란트 산군.

기차역 뒤편 식물정원에서 시작한 길은 산허리를 완만하게 돌아간다. 알파인 가든에는 세계 각지에 서 수집한 500여 종의 고산식물이 자란다.

쉬니케 플라테로 돌아가는 트레커들 너머 저 멀리 베르너 오버란트 산군이 펼쳐져 있다. 완만한 길을 따라 파노라마를 한동안 보며 걷는다.

쉬니케 플라테에서 반 시간 정도 걸은 능선길에서 뒤돌아본 인터라켄 쪽 풍경이다. 두 호수(툰, 브리엔츠)를 발아래에 두고 걷는다.

파노라마 길을 알려주는 이정표가 곳곳에 있으며 시원한 전망을 보면서 걷는다.

베르너 오버란트의 삼두마차 아이거와 묀히, 융프라우 외에도 라우터브루넨 계곡 위의 만년설산들이 선명하게 보인다. 아쉽게도 첫날 이후 날씨가 흐려 더 이상 보지 못했다.

산허리를 돌아 오르내리는 길이 좋아 산악자전거도 많이 지나갔다.

좌측 산허리로 돌아 오르면 앞의 바위장벽이 파노라마 경치를 가려
약 2시간 동안 볼 수 없다.

낙석 지대를 통과해 앞의 바위산을 좌측으로 돌아 오른다.

쉬니케 플라테 쪽으로 돌아본 모습.
산들이 첩첩 둘러싸고 있다. 마지막 날 구간이다.

산모퉁이를 도는 구간마다 페인트로 길표시를 해두어 길 찾기가 쉽다.

왼편 발아래에 제기스탈 계곡과 제기스탈 호수를 두고 걷는다. 반 시간 정도 북측 사면을 가로질러 오르는 이 구간은 시즌 초(7월 초순)까지 눈이 남아 있을 수 있으니 미끄러지지 않도록 주의해야 한다.

> 산모퉁이를 돌면 새로운 풍경이 나타난다.
> 산꼭대기에 산장이 있는 파울호른이 보인다.

파울호른(2681m)

코퉁이를 따라 돌길을 걸어 오르면 안부에 위치한 멘들레넨 산장(Berghaus Männdlenen, 2344m)이 나타난다.

30개의 침상이 갖춰져 있는 멘들레넨 산장(Berghaus Männdlenen, 2344m)은 6월 말부터 10월 중순까지 문을 연다. 석식 및 조식 포함하여 1박 요금이 51CHF(스위스 프랑)로 저렴한 편이다. 날씨가 나쁘면 이 산장에서 곧바로 그린델발트 아랫마을(부클라우넨 Burglauenen)로 하산할 수 있다. 2시간 40분 소요. 전화번호(033 853 4464)

멘들레넨 산장(Berghaus Männdlenen, 2344m) 위로 돌길이 이어지면서 저녁놀이 물들기 시작했다.

융프라우 일주 첫날 경험한 일몰의 풍경은 이제껏 필자가 알프스에서 경험한 일몰의 풍경 중 최고였다.
아래 사진 저 멀리 인터라켄의 튠 호수(Thunersee)가 보인다.

파울호른　　　　　　　　　　　　　　　　　　베터호른　　　　　　　슈레크호른

파울호른(2681m)으로 이어진 바위 언덕에서 바라본 파노라마.
20여 년 전부터 눈덮인 베르너 오버란트 산군의 4000미터 급 봉우리에만 주로 올랐는데, 산군 건너편에서 이렇게 한꺼번에 마주 보기는 처음이었다.

핀스터라르호른   피셔호른   아이거   묀히   융프라우

베르너 오버란트의 침봉들 위로 떠오른 보름달 아래의
파노라마도 장관이었다.

저녁(위 사진)과 새벽(아래 사진) 풍경.
텐트 우측 저 멀리 아이거 북벽 갱도에서 흘러나오는 불빛과 밤하늘의 별빛, 그리고 보름달이 만년설과 어울려 멋진 밤풍경을 연출했다.

새로운 풍경에 대한 기대에 들떠 새벽 5시에 기상했다.
어둠이 물러나는 한순간 한순간도 놓치고 싶지 않았다.

해 뜰 무렵에 걷는 상쾌함은 하루를 시작하는 트레커에게 청량제와 같다.

텐트 뒤 혹처럼 생긴 파울호른(2681m) 너머로 날이 밝아왔다. 바위 언덕에 자기 위해선 식수를 충분히 준비해야 한다. 쉬니케 플라테 전망대 이후부터는 물을 구할 수 없다.

파울호른(2681m)까지 확 트인 능선이 이어져 있다. 날씨가 나쁠 때 주의해야 하는 구간이다.

베르너 오버란트의 파노라마.
잊을 수 없는 순간이었다.

도중에 쇠말뚝으로 이정표를 만들어 두어 길 찾기에
어려움이 없다.

해 뜰 무렵. 보라색이 어둠을 물리치면서 세상은 깨어나고 밤의 동반자 달님은 물러난다. 일찍 출발하는 트레커만 즐길 수 있는 순간이다.

해가 뜨면서 구름이 피어올라 파울호른(2681m) 앞 능선을 넘기 시작했다. 날씨가 나쁠 때에는 비바람에 그대로 노출되는 구간이다.

파울호른(2681m) 정상부에 파울호른 산장이 위치해 있다. 1830년에 스위스에서 지은 가장 오래된 산장이다. 6월 말~10월 중순에 문을 연다. 전화(033 353 2713)

파울호른(2681m) 아래 삼거리

파울호른(2681m) 아래 삼거리에서 가슨보든 안부(Gassenboden saddle, 2553m)로 내려간다.
구름이 차츰 물러나고 파노라마 풍경이 다가왔다.

가슨보든 안부(2553m)

가슨보든 안부(2553m) 아래의 대피소.

가슨보든 안부에서부터 바흐제 호수를 내려다보며 걷는다.

가슨보든 안부에서 바흐제 호수로 내려가는 중에 해가 났다.
소들도 부지런히 풀을 뜯고 있었다.

바흐제 호숫가의 강태공. 호수 주변에 서너 개의 텐트가 쳐져 있었다.
가슨보든 안부가 오른편 위에 있다.

바흐저 호수 너머로 침봉들이 펼쳐져 있다.
바람이 일어 호수 면에 풍경이 담기지 않았지만 좋았다.

바흐제 호숫가 대피소.

길가에 앉아 큰 카메라로 파노라마를 열심히 촬영하던 트래커.

아래위로 두 개인 바흐제 호수의 아래쪽 호수.

베터호른을 앞에 두고.

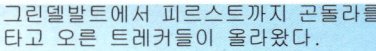
바흐제 호수에서 피르스트로 내려가는 길은 아주 평탄하고 좋다.

오래 전에 오른 바 있는 피셔호른을 배경으로.

그린델발트에서 피르스트까지 곤돌라를 타고 오른 트레커들이 올라왔다.

피르스트에서 바흐제 호수로 오르는 트레커들.

피르스트 가는 길은 포장길처럼 잘 정비되어 있다.

피르스트의 갈림길 이정표.

2 구간 피르스트 - 알피그렌

피르스트(First, 2167m) – 그로세 샤이데크(Grosse Scheidegg, 1962m) : 1h20
피르스트 – 베터호른 호텔(Wetterhorn Hotel, 1228m) : 3h
피르스트 – 알피그렌(Alpiglen, 1620m) : 8h10

총 거리 : 약 20km
등행고도 : 837m
하행고도 : 1384m

피르스트에서 그로세 샤이데크로 가는 산허리길은 그린델발트 분지를 오른편 발아래에 두고 베터호른과 슈레크호른, 아이거 등의 봉우리를 지켜보며 걷기에 여전히 경치 좋은 구간이다. 이후 베터호른과 마텐베르크, 아이거 북측 기슭을 오르내리는 길은 전나무 숲이라 전망이 트이지 않지만 그린델발트를 내려다보며 거벽들 아래를 걷는 즐거움이 있다.

　피르스트에서 날씨가 나쁘거나 몸이 좋지 않으면 걷거나 곤돌라를 이용해 그린델발트로 하산할 수 있으며, 그린델발트에서 마을을 벗어나 목장길을 따라 알피그렌으로 이동하면 반나절 시간을 절약할 수 있다. 그렇지만 그로세 샤이데크를 거쳐 침봉들의 북측 기슭을 걸어 알피그렌에 도착하는 성취감은 클 것이다. 그로세 샤이데크에서 성수기에는 한 시간에 한 대 그린델발트행 버스가 운행하기에 베터호른 호텔까지 타고 가서 한 시간 단축할 수 있다. 스위스 패스가 없으면 버스요금이 꽤 비싸다. 10분 탑승에 1인 38프랑으로 택시비보다 더하다.
　베터호른 호텔 앞 주차장에서 임도를 따라 숲으로 이동하여 다리를 건너 다시 숲 사이로 난 길을 따라 남쪽으로 산허리를 돌아 오른다. 낙석 방지용 터널(Breitlouwina Tunnel)을 지나 펑스테크 전망대에서 주변 경관을 둘러보고 잠시 쉬어 가는 것도 좋다. 전망대에서 운터 그린델발트 빙하의 급류를 건너기 위해 몇 백 미터 내리막을 내려와 베르그하우스 마몰브루흐(Berghaus Marmorbruch, 1120m)앞을 지나 다리를 건너 숲으로 이어진 오르막을 제법 길게 오른다. 2시간 이상 전나무 숲을 비스듬히 돌아 오른 다음, 작은 개울을 지나 알피그렌이 보이는 지점에서 계속해서 큰 길을 따라가야 아이거 트레일과 갈라지는 삼거리가 나타난다. 지름길같아 보이는 아래쪽 희미한 길로 가면 옛길로 급류에 다리가 끊겨 있다.
　이 구간은 하루 일정으로 제법 긴 거리이기에 아침 일찍 출발해야 한다. 체력에 자신이 없으면 관광 삼아 그린델발트에도 둘러볼 겸 코스를 바꿀 수도 있다.

Berghaus First(2167m) : 5월 중순~10월 말(tel. 033 853 1284)
Berghotel Grosse Scheidegg(1962m) : 6월~10월 중순(tel. 033 853 6716)
Wetterhorn Hotel(1228m) : tel. 033 853 1218
Alpiglen(Berghaus Des Alpes, 1620m) : tel. 033 853 1130

피르스트(2167m)에서 그로세 샤이데크(1962m)로 가는 길은 목장 길을 한동안 따라가다가 모퉁이를 지나 아래 사진처럼 오솔길에 접어든다.

개울을 건너기도 하는데, 베터호른과 슈레크호른을 보며 걷는다.

그로세 샤이데크(1962m) 가는 길에서는 베터호른과 슈레크호른이 앞쪽에 내내 보인다.

그로시 샤이데크(1962m)에서 피르스트로 향하는 트레커들.

그로세 샤이데크(1962m)에 가까워지면 그린델발트 분지가 뒤로 내려다보인다.

그로세 샤이데크(1962m)에 가까워질수록 길은 평탄해진다. 뒤에 있는 봉우리는 슈바-르츠호른(2928m)이다

그로세 샤이데크(1962m)까지 승용차가 오를 수 있어 트리커들이 즐겨 찾는다.

그로세 샤이데크(1962m) 가까운 삼거리.
여기서 능선을 좀 더 따라가면 버스가 다니는 고갯마루에 이른다.

길이 좋아 산악자전거를 타기에도 좋다.

베터호른 호텔 앞의 이정표.

베터호른 호텔 앞 주차장에서 임도를 따라 숲을 지나면 오버러 그린델발트 빙하에서 흘러내리는 급류를 건너 다시 전나무 숲에 들어선다.

전나무 숲속으 평탄한 길을 따라 산허리를 돌아 오르련 도중에 낙석에 대비해 2005년에 만든 터널(Breitlouwina Tunnel)을 지나게 된다. 터널 창 저 멀리 피르스트에서 너려오면서 본 슈바르츠호른이 구름 아래에 있다.

핑스테크(Pfingstegg, 1392m)로 이어진 산허리길.
우측 아래에 그린델발트 분지가 보이며 좌측 위에 아이거가 솟아 있다.

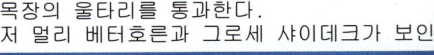

핑스테크(Pfingstegg, 1392m)로 가면서 그린델발트를 줄곧 볼 수 있다.

목장의 울타리를 통과한다.
저 멀리 베터호른과 그로세 샤이데크가 보인다.

그린델발트에서 케이블카로 오를 수 있는 핑스테크(Pfingstegg, 1392m)

핑스테크에서 좌측으로 빙하 협곡을 따라 오르면 베렉(Bäregg) 산장이 있으며 멋진 빙하를 감상할 수 있다.

약 300미터 내리막을 걷는다.

산허리를 돌아 오르면 베렉 산장과 빙하가 있다. 도중에 아래로 내려가 협곡을 건너 아이거 자락에 접어든다.

300미터 하산하면 식당(Marmorbruch, 1120m)이 있고 좌측으로 돌아 협곡 위에 놓인 다리를 건넌다.

아이거 북벽 끝자락에 접어들면 한동안 길이 험해져 절벽과
철 계단을 지나기도 한다.

한 시간 이상 오르막을 오르면 나무들의 키가 차츰 낮아지고 거대한 바위쿽들이 보이기 시작한다.

한여름이 지난 9월 초순인데도 아이거 북벽 자락에 쌓였던 눈이 남아 있다.
차고 깨끗한 빙하수의 맛이 그만이었다.
위 사진 저 멀리 바흐제 호수와 피르스트가 있는 산 능선이 보인다.

알피그렌으로 가는 지름길처럼 보이는 옛길을 따라가다가 급류에 가로막혀 다시 돌아오느라 한 시간 이상 허비했다. 알피그렌이 아래쪽에 보이더라도 아이거 트레일로 가는 삼거리까지 줄곧 큰 길을 따라 올라야 한다.

알피그렌으로 내려가면서 본 그린델발트와 첫 구간의 산 능선.

아이거 북벽 자락 1600미터 고지의 풀밭에 위치한 알피그렌 목장 및 트레커를 위한 산장(Berghaus Des Alpes : tel. 033 853 1130)이 있고 깎아지른 아이거 북벽이 바로 보이며 베터호른 쪽 풍경이 좋다.

그린델발트 - 알피그렌 가는 길

베터호론과 아이거북벽 서편 허발 1034m의 드넓은 계곡에 있는 그린델발트는 알프스 최고의 산간휴양지로서 동서 16km에 걸친 뤼첸 계곡의 가장 끝부분에 자리 잡고 있다. 이웃한 라우터브룬넨과 함께 이 지역 등산의 중심지이다. 계곡이라기 보단 분지처럼 드넓은 그린델발트는 멋진 샬레들이 점점이 흩어져 있으며 시의 중심가에는 각종 식당과 호텔, 기념품 상점들이 있다.

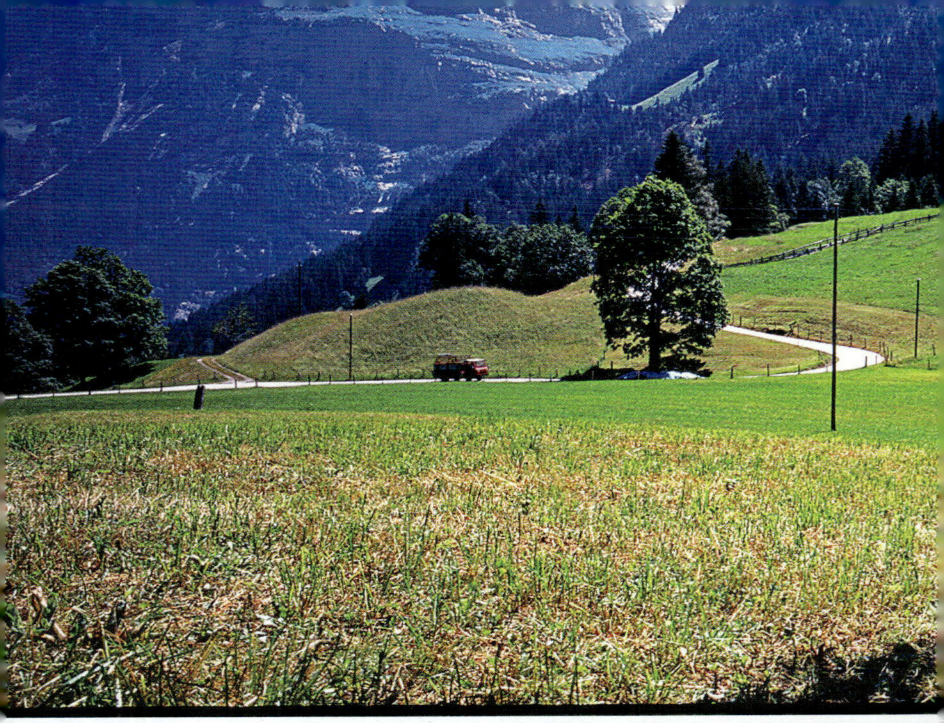

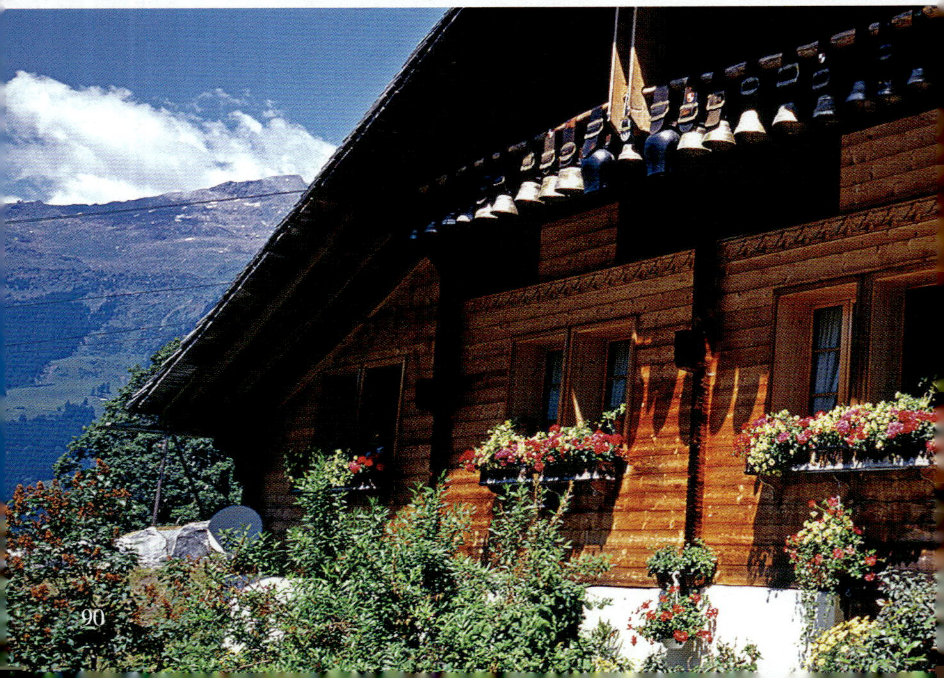

그린델발트에서 알피그렌으로 오르는 길은 목장과 샬레들 사이로 나 있어 이 지역 사람들의 생활을 엿볼 수 있다.

목장길을 따라 알피그렌으로.

그린델발트에서 알피그렌으로 가는 길이 좋아 자전거로 많이 오른다.

알피그렌 주변 풀밭에는 소들을 많이 방목하는데, 그 우유로 치즈를 만든다.

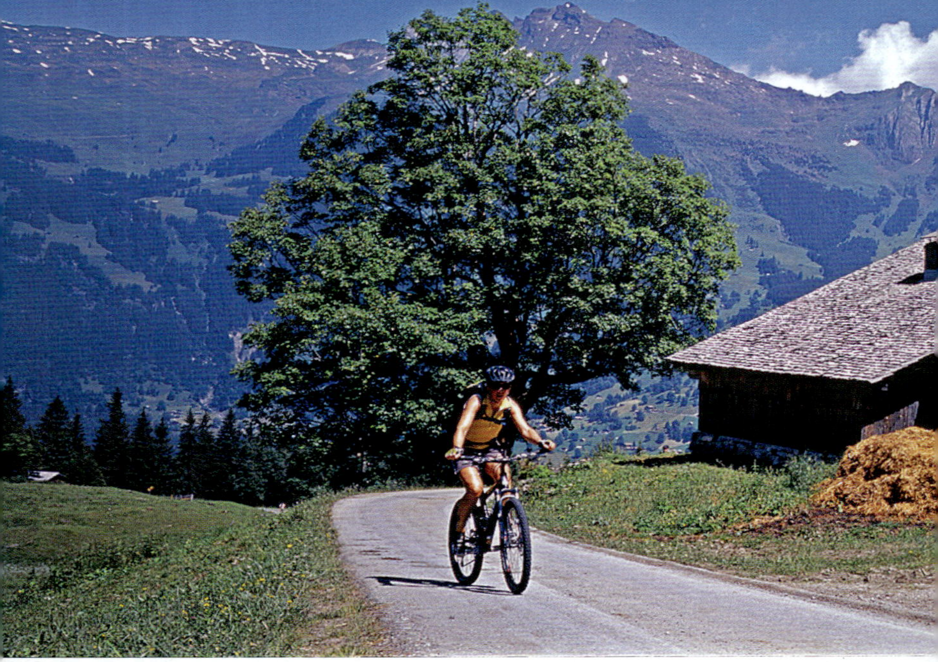

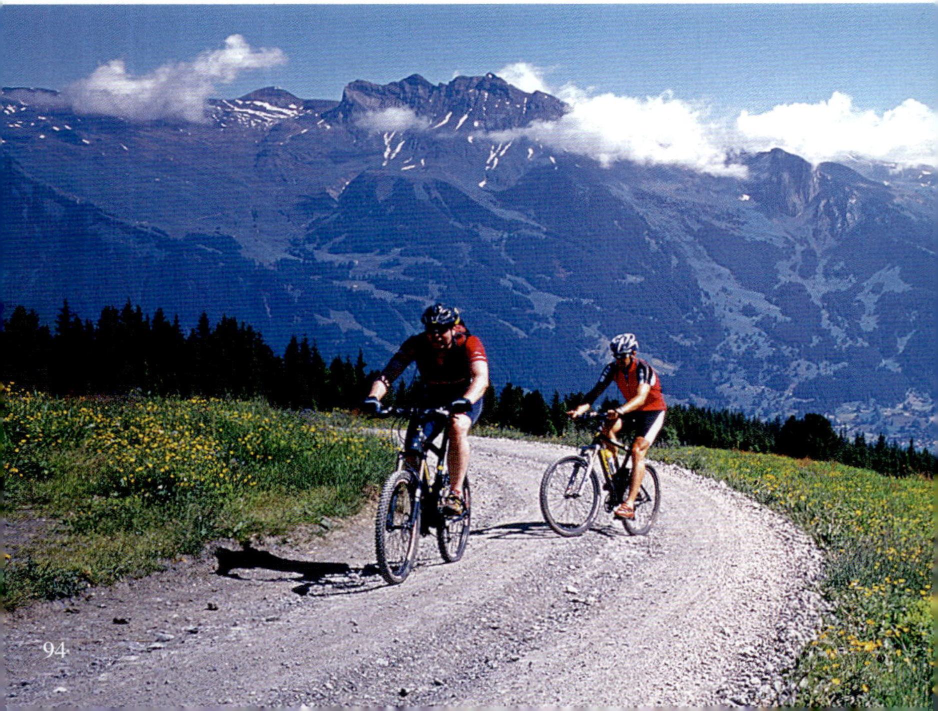

알피그렌에서 클라이네 샤이데크로 오르는 길도 여러 갈래 있는데, 그 중 한 길에서 자전거를 타고 오르는 이들.

알피그렌

3 구간   알피그렌 - 슈테헬베르크

알피그렌(Alpiglen, 1620m)-클라이네 샤이데크(Kleine Scheidegg, 2061m) : 1h30
클라이네 샤이데크-잔트바흐(Sandbach, 830m) : 4h20
잔트바흐-슈테헬베르크(Stechelberg, 910m) : 1h

총 거리 : 약 21km
등행고도 : 521m
하행고도 : 1231m

클라이네 샤이데크까지는 특별한 어려움이 없는 일반적인 트레킹로이며 클라이네 샤이데크에서 계곡 바닥에 위치한 잔트바흐까지 꽤 길고 급경사의 길을 하산해야 한다. 클라이네 샤이데크에서 보는 아이거와 묀히, 융프라우의 전망이 압권이며 4시간 이상 융프라우 자락을 내려가는 내내 멋진 경치를 즐길 수 있다.

　알피그렌에서 클라이네 샤이데크로 곧장 오르는 이 코스 외에도 아이거 트레일을 걸어 아이거글레처 역을 지나가는 길(추천 코스 참고)도 좋다. 약 두 시간 반 더 걸린다. 그리고 시간 여유가 있으면 클라이네 샤이데크에서 멘리헨까지 다녀와도 좋을 것이다. 평탄한 산허리길을 따라 다녀오는데 3시간이 채 걸리지 않는다.
　클라이네 샤이데크에서 1000미터 이상 하산하기에 무릎의 부담을 줄이기 위해 스틱을 사용하면 좋다. 계곡 건너편, 잔트바흐 위로 펼쳐진 거대한 바위장벽 위에 자리한 뮤렌과 짐멀발트의 아담한 모습이 보기 좋다. 잔트바흐 마을에 들어서기 전에 아이거와 묀히, 융프라우에서 흘러내린 급류가 석회암 지대에 만들어놓은 협곡 속의 트륌멜바흐 폭포(The Trümmelbach Falls)도 구경할 만하다. 4월~11월 사이에 관광할 수 있으며 초당 2만 리터의 급류가 쏟아진다고.
　슈테헬베르크와 잔트바흐에는 라우터브루넨행 버스가 다니기에 필요에 따라 이용할 수 있다.

Kleine Scheidegg(2061m) :
Hotel Bellevue des Alpes : tel. 033 855 1212
Bahnhof Restaurant : tel. 033 855 1151(3층에 여행자 룸 있음)
Grindelwaldblick(2116m) : tel. 033 855 1374(기차역에서 5분 거리)
Berggasthaus Männlichen : tel. 033 853 1068(기차역에서 한 시간반)

Stechelberg(910m) :
Hotel Stechelberg : tel. 033 855 2921
The Alpenhof : tel. 033 855 1202
슈테헬베르크와 잔트바흐에 캠핑장이 하나씩 있다.

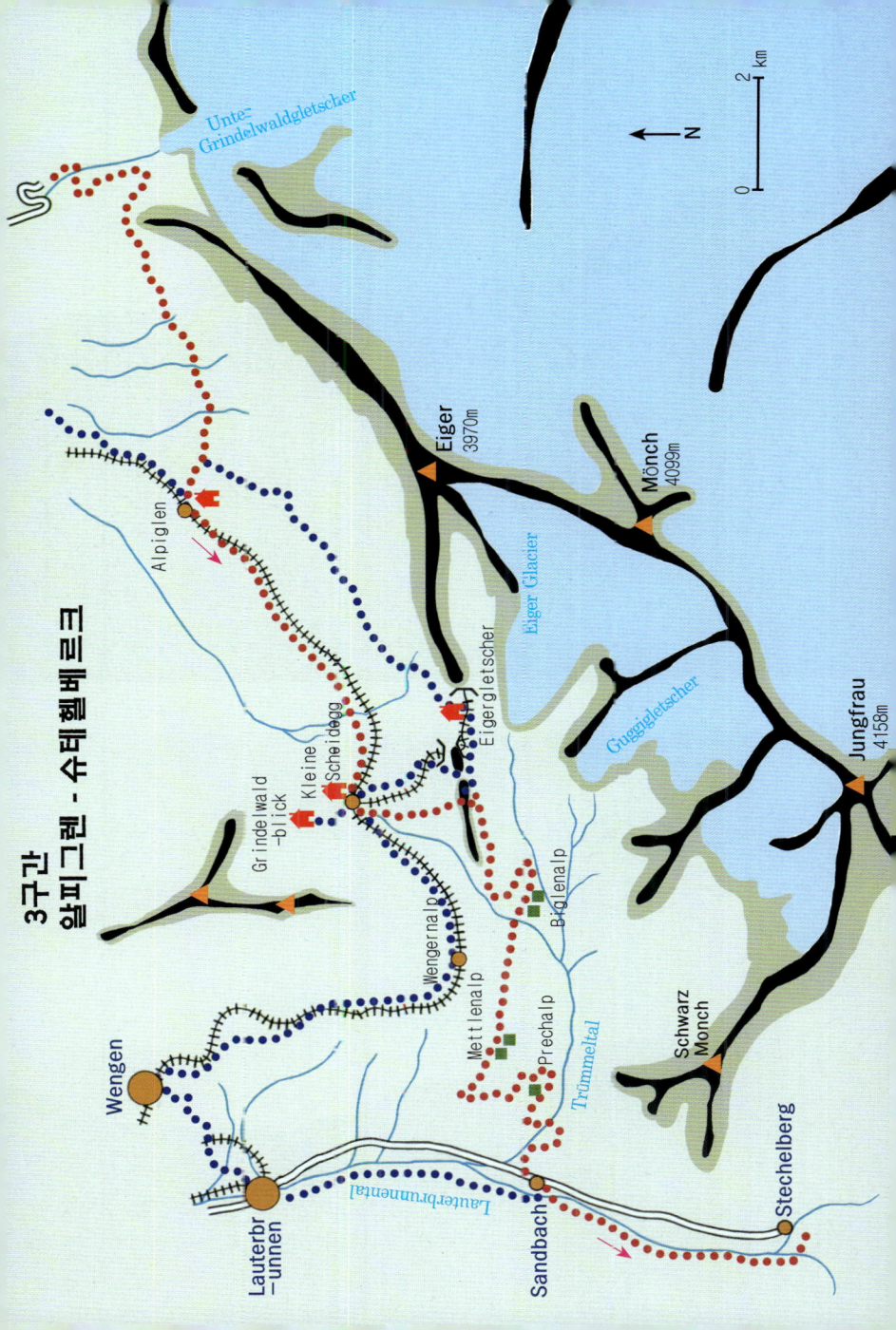

알피그렌에서는 아이거 북벽이 바로 올려다 보인다. 필자가 1990년에 경험한 바에 의하면 맑은 날씨에도 북벽에 구름이 머물러 있으면 눈보라가 칠 때도 있다. 그 때문에 필자도 북벽에서 하루 더 비박해야 했다. 그만큼 북벽의 규모(높이만 1800미터)가 크다.

아이거 북벽 오른편 능선인 서릉 아래 저 멀리 고개에 클라이네 샤이데크 역이 있다.

알피그렌 뒤로 멀리 보이는 베터호른에 저녁놀이 지고 있다.

게시판에는 아이거 북벽 등반 코스들이 그려져
있어 북벽의 역사를 한눈에 알 수 있다.

그린델발트행
8시 막차.

클라이네 샤이데크에 도착하니 저녁 8시가 훨씬 지났다.
새벽 5시부터 걸어 지나온 산들이 뒤쪽에 펼쳐져 있다.

클라이네 샤이데크와 아이거글레처 역에 불이 켜져 있고 아이거 북벽 위에 뜬 달이 만년설을 비추고 있다. 아이거 오른편은 묀히이며 오른편 아래에 융프라우요흐가 있다.

클라이네 샤이데크의 풀밭 언덕에서
본 베터호른 쪽 밤풍경.

이른 새벽에 클라이네 샤이데크에서 본 묀히와 융프라우의 모습. 묀히 아래에 아이거글레처가 있고 두 봉우리 사이에 있는 융프라우요흐 전망대가 보인다.

클라이네 샤이데크 풀밭 언덕에서 본
베터호른과 아이거 쪽의 일출장면.

구름이 클라이네 샤이데크를 넘어가고 베르너 오버란트의 삼두마차 아이거와 묀히, 융프라우가 아침을 맞이하고 있다.

클라이네 샤이데크의 아침.
2000미터 이상의 알파인 지대라 날씨 변화가 심하다.

트레킹로는 클라이네 샤이데크 역에서 융프라우 쪽 풀밭 사이로 나 있다.

첫 번째 삼거리를 지나 능선을 따라가야 한다.
능선을 따르다가 왼편 숲으로 길이 나 있다.

전나무 숲 뒤로 아이거와 묀히가 보인다.
고도를 차츰 내려 숲 속으로 난 길을 따른다.

한동안 세 봉우리 자락을 따라 걷는다.

비글렌알프 독장(Biglenalp) 앞 갈림길. 클라이네 샤이데크 이후 한 사람도 만나지 못할 정도로 한적한 구간이었다. 야성적인 낭만과 적막한 고요마저 느껴졌다.

비글렌알프 목장(Biglenalp) 앞 갈림길에서 쉬고 있는데, 융프라우 북벽 쪽에서 거대한 세락이 굉음을 내며 무너지더니 폭포수처럼 흘러내렸다.

비글렌알프 목장(Biglenalp) 아래,
아이거와 묀히를 뒤로 하고.

융프라우 북서 면을 타고 내리는 폭포들.

클라이네 샤이데크에서 3시간 정도 걸어 내려가면 프레호알프 목장(Prechalp, 1320m)을 지나게 된다. 여기서도 차나 커피 등 간단한 음료를 마실 수 있다.

프레흐알프 목장(Prechalp, 1320m) 아래의 농가에서 할아버지와 손자가 뜰에서 일을 하고 있었다.

라우터브루넨 계곡 바닥이 가까워지면 트륌멜탈(Trümmeltal) 계곡의 급류를 건너게 된다. 아이거와 묀히, 융프라우에서 흘러내린 물이다.

현지 트레커들 뒤로 저 멀리 라우터브루넨이 살짝 보인다.

계곡 바닥으로 내려서는 몇몇 구간은 가파른 바위지대이다.

즈트바흐 마을에 들어서기 전에 아이거와 묀히, 융프라우에서 흘러내린 급류가 석회암 지대에 만들어놓은 협곡 속의 트룸멜바흐 폭포(The Trümmelbach Falls)도 구경할 만하다. 200미터 높이의 바위 속으로 흐르는 폭포는 초당 20000리터의 물을 쏟아낸다.

거대한 바위장벽 사이에 위치한 잔트바흐 마을. 라우터브루넨과 슈테헬베르크 사이에 자리 잡고 있다. 양쪽에 솟은 장벽에서 흘러내리는 폭포가 이 계곡에 72개나 된다고.

슈테헬베르크 가는 길에 만난 바베큐 캠프. 장작이나 식수 등 각종 시설이 무료로 개방되어 있다. 누군가 모닥불도 피워두었다.

잔트바흐 마을에서 하천을 건너 산책로를 따라 한 시간 걸으면 슈테헬베르크이다.

슈테헬베르크. 여행자 숙소와 식당, 캠핑장 등이 있다

추천 코스

아이거 트레일

아이거 트레일은 알피그렌에서 시작해 1800미터 높이의 거대한 아이거 북벽 밑을 지나 아이거글리처 역으로 오르는 길이다. 여름에도 눈 덮인 북벽의 웅장한 모습은 사람들에게 위압감을 준다. 그런 북벽의 위용에 오히려 이끌려 불나방처럼 도전하는 알피니스트들의 발길은 오늘날까지도 이어지고 있다. 알피그렌에서 아이거글러처까지 두세 시간, 아이거글레처에서 클라이네 샤이데크까지 한 시간 걸리는 그린델발트 지역의 대표적인 트레킹 코스이다.

1990년 여름, 필자의 아이거 북벽 등반모습.

기차를 타고 아이거글 레처 역에 내려 하산하는 트레커들도 많다.

아이거 트레일은 북벽에서 흘러내리는 설사면을 가로지르기도 하는데, 시즌 초반 눈이 많을 경우에는 주의해야 한다.

저 멀리 방하를 등지고 있는 아이거글레처에서
클라이네 샤이데크로 내려오는 길은 넓고 걷기
에 편하다.

클라이네 샤이데크는 그린델발트와 라우터브루넨, 그리고 융프라우요흐로 이어지는 철도의 중심지이다. 그래서 많은 관광객들로 붐빈다. 샤이데크 호텔에는 아이거 북벽을 오른 나라들의 국기가 나부끼고 있는데, 태극기도 휘날리고 있다.

아이거 트레일은 아이거 북벽 자락, 좌측 아래쪽에서 우측 상단으로 거슬러 오른다.

추천 코스
멘리헨 언덕

아이거, 묀히, 융프라우를 비롯해 압도적인 모습으로 하늘 높이 솟아 오른 청백의 고봉들, 그 사이사이에 펼쳐지는 초록 목초지, 그리고 점점이 흩어져 있는 목장과 샬레, 또 은은한 방울 소리를 울리면서 한가롭게 풀을 뜯는 소떼와 양떼, 그 사이를 가르며 굽이쳐 오르는 등산열차 이 모두가 매혹의 세계를 연출한다. 위의 내용을 전부 아우르는 전망대를 꼽으라면 필자는 주저 없이 멘리헨 언덕을 떠올린다.

멘리헨 정상(Männlichen, 2,343m)은 주변의 눈 덮인 봉우리들에 비해 결코 높지 않지만 사방으로 툭 트인 전망이 좋다. 멘리헨 곤돌라 역에서 10분이면 오를 수 있으며, 아이거나 묀히 융프라우를 앞에 두고 클라이네 샤이데크까지 평탄한 산허리길을 따라 걷는 코스로 많은 이들의 사랑을 받고 있다.

멘리헨행 곤돌라 역은 그린델발트 역에서 클라이네 샤이데크행 열차를 타고 5분, 내리막길을 걸어 15분이면 닿는 그룬트에 있다. 곤돌라를 타면 1300미터 고도를 30분 만에 오른다.

멘리헨에서 클라이네 샤이데크 가는 길에 만나는 호수에 아이거와 묀히가 담겨 있다.

멘리헨 곤돌라 역. 이곳에도 숙소가 있다.

1시간 20분 걸리는, 멘리헨에서 클라이네 샤이데크 가는 길은 오르내림이 거의 없는 평탄한 길이라 남녀 노소 누구나 즐길 수 있다. 그린델발트를 좌측 아래에 두고 산허리를 따라 굽이굽이 돌아가면 세 봉우리가 더욱 가까워진다.

산허리길 중간 중간 전망 좋은 지점에 놓인 의자에 앉아 쉬기도 하며 경치를 즐길 수 있다. 검고 위압적인 아이거 북벽의 모습을 시야에서 떨치기 어렵다. 세 봉우리 중 아이거가 가장 가깝게 보이며 클라이네 샤이데크에 차츰 가까워지면 묀히와 융프라우도 웅장한 모습을 드러낸다. 학창시절에 오른 아이거뿐 아니라 중앙의 묀히는 필자가 네 번 올랐다. 하지만 이상하게도 융프라우 만은 날씨 등의 이유로 한 번도 오르지 못했다. 산과의 인연도 사람과의 그것과 비슷하나 보다.

알프스의 겨울은 빨리 찾아온다.
9월 중순이었는데도 가을 색이 완연
하고 눈마저 내릴 기색이다.

4구간 슈테헬베르크 - 뮤렌

**슈테헬베르크(Stechelberg, 910m)−Obersteinberg(1778m) : 2h30
오버슈타인베르크(Obersteinberg, 1778m)−Rotstock Hütte(2039m) : 5h
로트스톡 산장(Rotstock Hütte, 2039m)−뮤렌(Mürren, 1638m) : 2h10
Rotstock Hütte−Schilthorn(2970m)−Mürren(1638m) : 5h30**

라우터브루넨 계곡 상단은 그린델발트 쪽과는 달리 야생적인 자연미가 상대적으로 잘 간직되어 있다. 브라이트호른 빙하 하단 쪽은 유네스코문화유산지역이기도 하다. 한편 쉴트호른 전망대에서 보는 경치 또한 빼어나지만 연일 그치지 않고 내린 비 때문에 필자가 가보지 못해 자세히 소개하지 못한 점 양해를 바란다.

 슈테헬베르크에서 한동안 계곡을 따라 올라 오버슈타인베르크 산장 오르는 길과 제피넨탈 계곡 쪽은 숲의 기운이 아주 신선하게 느껴지는 전형적인 숲속 산길이다. 트라흐셀라호넨(Trachsellauenen, 1201m) 마을이나 반 시간 정도 올라 삼거리에서 슈마드리 산장으로 가서 브라이트호른 빙하 아래를 둘러볼 수도 있고 오버슈타인베르크 산장으로 곧장 올라도 된다. 2262미터 높이에 있는 슈마드리 비박산장은 14개의 침상이 구비된 작은 무인산장이라 오버슈타인베르크 산장까지 가야 음식을 먹을 수 있기에 충분한 식량과 물을 준비해야 한다. 오버슈타인베르크 산장에서 로트스톡 산장까지도 마찬가지이다. 물론 제피넨탈 계곡으로 내려가기 전, 탄즈보델리(Tanzbodeli) 산모퉁이를 돌아 갈림길에서 부즌알프 목장 겸 산장을 이용할 수도 있다. 침상이 다섯 개 있는 작고 아담한 산장이지만 멋진 경치와 함께 조용하게 머물 수 있는 곳이다.

 로트스톡 산장에서 로트 하드(Rote Hard) 안부(2668m)로 올라 쉴트호른 전망대(2970m)를 둘러볼 수도 있고 뮤렌으로 바로 하산할 수도 있다. 이 구간의 변형 코스들을 둘러보려면 코스마다 각각 하루씩 시간을 할애해야 한다. 뮤렌은 이 구간에서 가장 큰 산간 마을로 각종 편의시설들이 갖춰져 있다. 도중에 케이블카로 갈아타지만 인터라켄까지 이어지는 열차가 운행한다.

**Berghaus Trachsellauenen(1201m) : tel. 033 855 1235
Berghotel Obersteinberg(1778m) : 6월~9월 말(tel. 033 855 2033)
Hotel Tschingelhorn(1678m) : 6월~9월 말(tel. 033 855 1343)
Busenalp(1841m) : 7월~9월 중순(tel. 079 364 7022)
Rotstock Hütte(2039m) : 6월~9월 말(tel. 033 855 2464)
Pension Suppenalp(1852m) : 6월 중순~9월말(tel. 033 855 1726)
Pension Sonnenberg(1852m) : tel. 033 855 1127**

라우터브루넨 계곡 끝자락에 위치한 슈테헬베르크. 스위스 국기 맞은편 차양 있는 집이 슈테헬베르크에서 유일한 식당으로 양도 푸짐하고 맛있다.

마을에서 계곡 옆길을 따라 오른다.

방목중인 알파카.

돌담길도 지난다.

급류의 세기 만으로도
계곡 위 만년설산들의
규모를 짐작할 수 있을
정도다

한 시간이 채 걸리지 않는 트
라흐셀라우넨(Trachsellauenen,
1201n) 마을 어귀, 여행객을 위
한 숙소 하나가 있는 작은 마
을이다.

칭글호른 산장(Hotel Tschingelhorn, 1678m)을 거쳐 오버슈타인베르크 산장(Berghotel Obersteinberg, 1778m)으로 가려면 오른편으로 가야 하고 왼편으로는 슈마드리 산장으로 가는 길이며 오버슈타인베르크 산장으로 곧바로 오를 수 있다.

오버슈타인베르크 산장(1778m)으로 오르는 가파른 전나무 숲길.

삼거리(Wilde Egg, 1560m)에서 호수(Oberhornsee)에 다녀올 수도 있고 곧장 오버슈타인베르크 산장(1778m)으로 갈 수도 있다. 목장 울타리 문을 지난 다음에는 다시 닫아 놓아야 한다.

전나무 숲길을 벗어나 개활지를 오르면
오버슈타인베르크 산장(1778m)이 나타난다.

오버슈타인베르크 산장
(1778m). 밤이면 촛불
을 이용하기에 알프스
의 정취를 고스란히 느
낄 수 있다.

구름 때문에 산장에서의 멋진
조망은 볼 수 없었다.

오버슈타인베르크
산장(1778m)

1880년대에 지어진 이 산장에서의 하룻밤도 추억에 남을 것이다. 당나귀에 싣고 온 식재료와 바로 옆 돈장에서 나는 신선한 우유와 치즈를 맛볼 수 있다. 모든 음식은 장작을 지핀 화덕에 요리한다.

산장 옆 목장

오버슈타인베르크 산장 (1778m) 바로 옆에 목장이 있다.

융프라우가 구름 사이로 고개만 살짝 내밀고 사라졌다.

목장지기 부부가 직접 만든 치즈는 바로 옆 산장에 공급된다. 하품만 하는 남편 대신 치즈 만드는 과정을 친절하게 설명해준 아주머니는 치즈 창고까지 구경시켜 주었다. 우유를 10배 가까이 농축시킨 치즈는 여기서 30일 이상 숙성시킨다고.

목장 좌측 뒤편으로 돌아올라 산허리를 끼고 돌면 삼거리(Busengrat, 1978m)가 나타난다. 누군가가 벗어둔 신발이 걸려 있었다. 여기서 부즌알프(Busenalp, 1841m)로 가 잠시 쉬어갈 수도 있다.

라우터브루넨 계곡 상단, 브라이트호른 쪽을 잠시 보여주곤 사라졌다. 오버슈타인베르크 산장이 내려다보인다.

제피넨탈 계곡으로 내려가며 만난 독일인 부부. 동독 출신이라고 자신들을 소개한 그들은 우리가 한국에서 왔다고 하니 무척 반가워했다. 계곡 아래에 자신들이 머문 숙박정보 등을 자세하게 알려주고 트레킹을 잘 하길 바란다며 다정하게 대했다.

제피넨탈 계곡으로 내려가는 길은 제법 가파른 전나무 숲길이 이어진다.

제피넨탈 계곡으로 내려가다 하단부에 이르면 계곡 건너편에 있는 짐멀발트(1363m)가 보인다. 거대한 바위벽 위에 새둥지처럼 자리 잡은 마을은 스위스 산골의 전통을 잘 간직하고 있다.

제피넨탈 계곡 건너편의 짐멀발트를 보며 바위 옆으로 난 가파른 길을 걸어 내려간다.

계곡 바닥에 도착해 다리를 건너면 삼거리(Sefinental, 1260m)가 나타난다. 아래쪽 짐멜발트로 갈 수드 있고 계곡을 따라 오르면 로트스톡 산장으로 이어진다.

제피넨탈 삼거리에서 한동안 외길을 따라 오른다.

제피넨탈 계곡 바닥에서 한 시간 반 이상 올라야
전나무 숲에서 벗어나 풀밭에 접어든다.

로트스톡 산장(Rotstock Hütte, 2039m) 어귀. 목동들이 수로작업을 하고 있었다. 전망 좋은 언덕에 돌로 튼튼하게 지은 이 산장은 슈테헬베르크 스키클럽에서 운영하고 있다. 6월부터 9월 말까지 문을 열며 주변 봉우리들의 일몰이 멋지다고 한다.
석식 및 조식 포함 1박 요금 : 70 스위스 프랑

로트스톡 산장(Rotstock Hütte, 2039m)에서 자고 다음날 쉴트호른 전망대로 올라 틀쿠멘탈 계곡이나 뮤렌으로 하산해도 좋다. 날씨가 나빠 필자는 뮤렌으로 곧장 향했다.

산장 내부. 많은 산악인들이 비를 피해 쉬고 있었다.

뮌렌으로 하산하다 만난 하와이에서 온 트레커 부부(아래 사진)에게 '알로하'라고 인사하니 아주 반가워했다.

로트스톡 산장(Rotstock Hütte, 2039m)에서 뮤켄으로 내려가는 길이 두 갈래인데, 아래쪽이 편하다.

이 풀밭에 캠핑을 한 다음날 아침. 배낭을 꾸리기 무섭게 말들기 소떼를 몰고 왔다.

산허리를 끼고 돌던 길을
따라가다 보면 짐멀발트로
내려가는 갈림길도 만난다.

가파른 능선에 지그재그로 길이 나 있다.

슈피엘보던 목장(Spielbode-nalp, 1793m) 어귀에서 만난 트레커들.
아래 사진의 젊은 트레커들은 이스라엘에서 왔다고 했다.

슈피엘보던 목장(Spielbodenalp, 1793m)에서 뮤렌까지 40분 거리다. 여기서도 식사 및 숙박이 가능하다.

잘 닦인 목장 길을 따라 뮤렌으로 하산하면서 샬레를 구경하는 재미도 있다.

거대한 바위절벽 위 1633m 고도에 위치한 뮤렌.
제법 큰 산악마을로 각종 편의시설이 갖춰져 있다.

5 구간   뮈렌 - 빌더스빌

뮈렌(Mürren, 1650m) – 로프호른 산장(Lobhorn Hütte, 1955m) : 4h
로프호른 산장 – 빌더스빌(Wilderswil, 584m) : 4h30

총 거리 : 약 24km
등행고도 : 약 400m
하행고도 : 약 1400m

융프라우 지역 일주의 마지막 구간으로 베르너 오버란트 산군 전체를 등지고 걷지만 마지막까지 파노라마의 장관을 즐길 수 있다. 대체로 완만한 하산 및 횡단길이 이어져 산행이 힘들지 않지만 하루 일정으로는 다소 먼 거리라 시간 여유를 가지고 경치 좋은 로프호른 산장에서 묵어도 좋을 것 같다. 주스탈 계곡의 목장에서 이정표를 잘 보고 길을 찾으면 되고 그린델발트 쪽에 비해 트레커가 적어 오붓한 산행을 즐길 수 있으며 작스튼까지 내려가는 길 내내 알프스 산간의 정취가 고스란히 느껴지는 멋진 풍경을 만끽할 수 있다.

 이 구간에서 경치가 특히 빼어난 곳은 뮈렌에서 이어지는 파노라마뷰 코스와 로프호른 산장, 그리고 벨런알프 안부 등이다. 날씨나 몸이 좋지 않으면 뮈렌에서 열차를 타고 그뤼츠알프로 이동해 거기서 케이블카를 타고 라우터브루넨으로 내려가면 인터라켄행 열차를 탈 수 있다.
 뮈렌의 원주민들은 발레 주의 뤼첸 계곡에서 이주한 사람들이며, 가옥 디자인과 뮈렌 방언의 발음에서 초기 이주자의 특징이 오늘날까지 그대로 남아 있다. 1600미터 고지의 양지바른 사면에 위치한 뮈렌은 베른 주에 속한 마을 중 가장 높다. 또한 일 년 내내 주민이 거주하는 조용하고 경치가 좋은 마을이다. 풍요로운 알프스 전원풍경의 전형이라 할 만하다. 슈테헬베르크 아래의 케이블카 역에서 케이블카를 타고 오를 수 있으며 뮈렌에서 케이블카를 갈아타고 2970m의 쉴트호른 전망대까지 갈 수도 있다.
한편 중심가에서 푸니쿨라(엔진 없는 산악 기차)를 이용하여 알멘트후벨(Allmendhubel, 1907m)까지 이동할 수 있는데, 이곳에서 산허리길을 따라 마운틴뷰 코스를 걸을 수 있다. 좀 더 모험적인 트레킹을 원하면 주스탈 계곡을 거슬러 올라 칠흐프루 고개(Chilchfluepass, 2456m) 너머에 위치한 키엔탈(Kiental)쪽으로 가보는 것도 좋다.

Lobhorn Hütte(1955m) : 6월~10월 중순(tel. 079 656 5320)

Saxeten(1103m) / Hotel Alpenrose : tel. 033 822 1834

Wilderswil(584m) www.wilderswil.ch
Gasthof Hirschen : tel. 033 822 3551
Luna Motel : tel. 033 822 8414

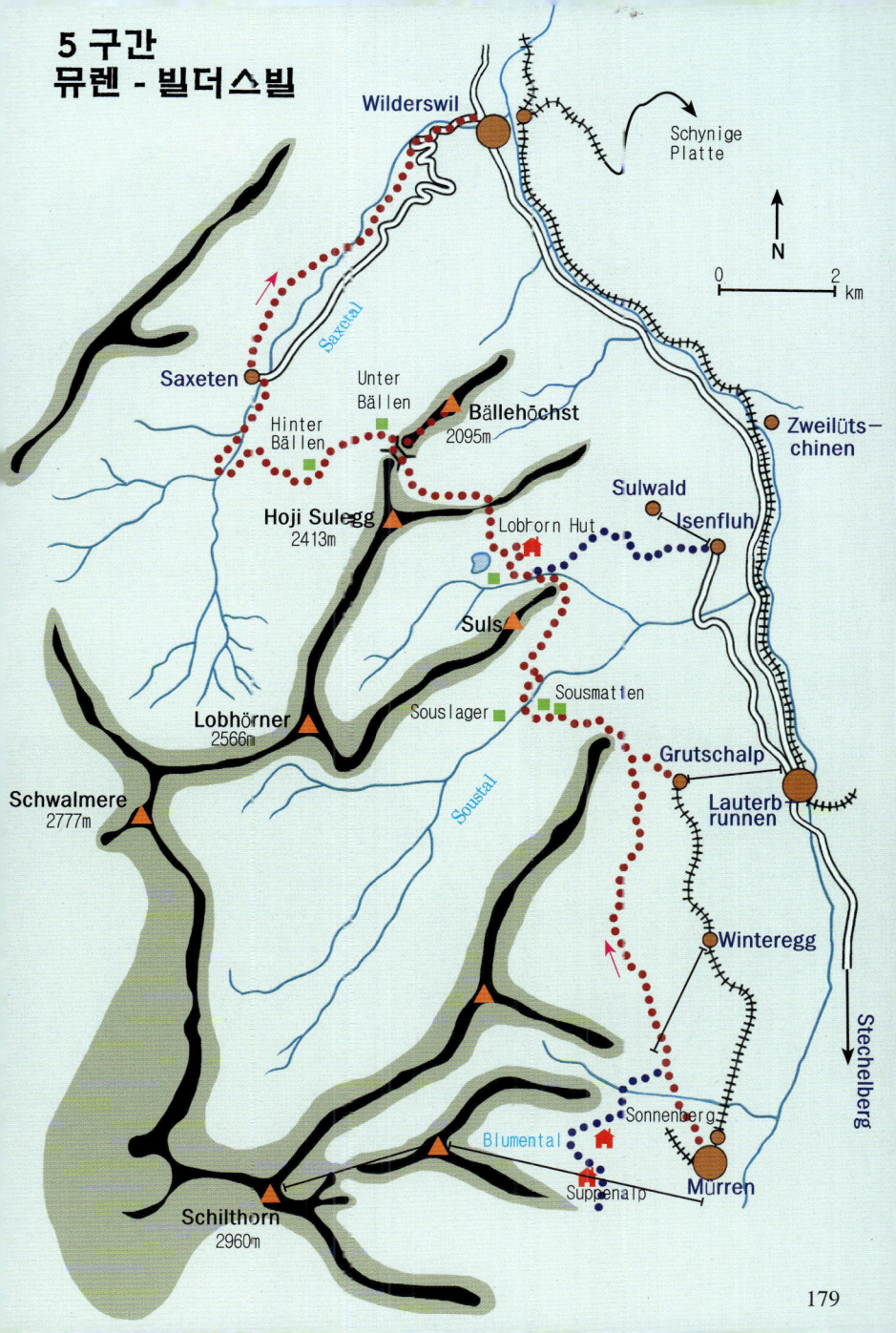

뮤렌 시내. 각종 편의시설이 갖춰진 제법 큰 산악마을이다.

뮤렌 시내 식당에 걸려 있는 융프라우. 나무에 양각으로 조각되어 있었다.

뮤렌의 거리

유렌에서 산행은 시내 중심가에 위치한 관광정보센터 뒤편, 기차역 위로 난 길을 따라 오르면 된다.

마을을 벗어나면서 전나무 숲에 들어선다.

숲을 벗어나 파라노마 경치가 좋은 구간이었지만 구름이 걷히지 않았다. 기대한 파노라마를 못 본 서운함은 와인으로...

도중에 목장도 만나게 된다.

길은 이 목장에서 좌측으로 돌아 올라야 한다.

오버베르크(1805m) 목장에서 산허리를 돌아가면 주스탈 계곡이 나타난다.
도중에 블루베리가 많다.

마운틴뷰 트레일은 목장 지대를 지나기도 한다.
비가 계속해서 내려 계획을 변경한 우리는 그뤼츠알프로 내려와 라우터브루넨으로 하산했다.

그뤼츠알프 역: 뮤렌으로 가는 열차와 라우터브루넨으로 가는 케이블카가 운행한다.

깎아지른 절벽 아래, 라우터브루넨 계곡 하단에 위치한 라우터브루넨. 그린델발트와 함께 베르너 오버란트 산군의 주요 산악마을로서 각종 편의 시설들이 잘 갖춰져 있다.

라우터브루넨 시내에 있는 슈타웁바흐 폭포(Staubbach). 하늘에서 뚝 떨어지는 것 같은 300미터 높이의 이 폭포 전망대에도 올라볼 만하다.

그뤼츠알프(Grutschalp, 1486m)에서 완만한 오름길을 따라 주스탈 계곡으로 향한다.
가을이 완연한 9월, 길가에 블루베리가 많았다.

그뤼츠알프에서 한 시간 이상 오르면 주스탈(Soustal) 계곡과 뮈렌 위 블루멘탈 쪽에서 오는 길과 만나는 삼거리가 나타난다.

삼거리에서 주스탈 계곡으로 내려간다.

주스탈 계곡으로 내려가는 길 도중에 길 표시들이 있다.

주스탈 계곡에는 목장들이 여럿 있다. 소 방울 소리가 이른 아침부터 들려온다.

목장에서 좌측으로 내려가 계곡을 건너야 한다. 위 사진 상단의 산허리를 돌아간다.

개울물 소리와 소 방울 소리가 들려오는 주스탈 계곡 상단에는 로프하너(Lobhörner, 2566m)가 솟아 눈을 끈다. 암벽 등반가들이 즐겨 찾는 봉우리이기도 하다.

계곡 바닥에서 반 시간 올라 북측으로 방향을 틀어 산허리를 돌아가면 저 멀리 첫 구간인 쉬니케 플라테 쪽 능선이 보인다.

구름 사이로 융프라우가 얼핏 보였다.

로프호른 산장으로 가는 산허리를 돌면서 본 주스탈의 목장들.

아이거와 묀히

주스탈 계곡 상단으로 돌아본 모습.

며칠 간 내린 비로 로프호른 산장 가는 길 일부 구간이 무너져 있었다. 좌측 뒤편 계곡으로 들어가면 그린델발트이다

뒤편 저 멀리 쉬니케 플라테-피르스트 구간의 산 능선이 펼쳐져 있다.

로프호른 산장 아래의 목장. 소의 목에 거는 왕방울들이 장식용으로 걸려 있었다. 한편 위 사진 오른편 계곡을 따라 내려가면 이즌플루(Isenfluh, 1024m)라는 제법 큰 마을이 있다. 로프호른 산장에 자리가 없으면 이즌플루의 숙소를 이용하면 된다.

목장에서 산장으로 곧장 오르지 말고 호수로 올라 주변을 둘러보고 산장으로 가도 된다.

로프하너(2566m) 리지 등반으로 인기가 좋다.

호수에서 산장에 가려면 작은 언덕을 넘어야 한다. 산장 주변은 석회암이 빗물에 깎여 퇴석된 지대가 많다.

파노라마 전망이 최고라는 로프호른 산장이었지만 융드라우가 구름 사이로 살짝 보이곤 사라졌다. 여기서 융프라우는 계곡 바닥에서 정상까지 3200미터 이상의 높이를 거의 다 볼 수 있다. 젊은 산장지기 여인과 네팔의 셰르파가 반갑게 맞아주었다.
석식 및 조식 포함 1박 요금 : 66 스위스 프랑
www.lobhornhuette.ch

벨런알프(Bällenalp, 1998m) 오르는 길.
저 멀리 호수와 로프하너가 보인다.

벨런알프(Bällenalp, 1998m) 못 미친 언덕에서부터 인터라켄과 브리엔츠 호수(Brienzersee)가 보인다. 바로 건너편 산 위가 쉬니케 플라테이다.

첫날 구간이 구름에 가려 있는 가운데, 호지 줄레크(Hoji Sulegg, 2413m) 북면으로 접근하고 있다.

호지 줄레크(Hoji Sulegg, 2413m) 북면을 가로질러야 벨런알프 안부이다.

호지 줄레크(Hoji Sulegg, 2413m) 북면을 가로지르며 인터라켄 쪽 계곡을 내려다본다.

벨런알프 안쿠가 구름 아래에 있다.

로프호른 산장에서 호지 줄레크(Hoji Sulegg, 2413m) 북면을 가로지르는 동안 한 명의 트레커도 만날 수 없을 만큼 호젓한 길이었다.

가파른 사면 위에 난 좁은 길이었지만 호지 줄레크(Hoji Sulegg, 2413m) 북면을 가로지르는데 약 20분 걸렸다.

벨런알프(Bällenalp, 1998m)에 도착하니 마라토너 한 명이 쉬고 있었다.

Bällehöhst (2095m)

벨런알프 안부에서 Bällehöchst(2095m) 오르는 길.

벨르휘스트(Bällehöchst, 2095m) 정상부에는 넓은 풀밭이 펼쳐져 있다.

벨르휴스트 정상에서 북쪽으로 본 풍경.
인터라켄과 브리엔츠 호수, 그리고 종착지인 빌더스빌이 내려다보인다.

벨르휴스트 정상 너머 우측 계곡으로 하산길이 이어진다.

벨르휘스트 정상(2095m)에서 본, 고개를 내민 아이거.

벨런알프 안부에서 벨트휘스트(2095m)에 오르는 트레커들.
시간에 쫓기지 않으면 전망이 좋아 다녀올 만하다. 한 시간이 채 걸리지 않는다.

벨런알프 안부에서의 하산길은 줄곧 내리막이다.

제법 큰 목장을 두 개 지나 두 시간 이상 걸어야 계곡 상단에 닿을 수 있다.

벨런알프 안부에서 한 시간 이상 하산해 만나는 삼거리에서 빌더스빌로 바로 내려가지 말고 작스튼으로 돌아가면 폭포가 있는 계곡 상단으로 길이 나 있다. 작스튼에도 숙박시설이 있으며 빌더스빌로 내려가는 버스도 탈 수 있다.

작스튼

다시 돌아온 빌더스빌.

3-트레킹 후기

클라이네 샤이데크 언덕에서 본
아이거와 묀히, 융프라우.

트레킹 후기

 알프스에도 가을의 기운이 물씬 묻어나고 있던 9월 초순이었다. 아내와 나는 융프라우 지역 일주를 위해 인터라켄으로 이동했다. 제네바에서 기차를 타고 로잔과 베른을 지나자 언젠가부터 창밖의 풍경이 만년설산으로 바뀌어 있었다. 아이거, 묀히, 융프라우의 거두들이 베르너 오버란트에 온 손님들 마중이라도 나온 듯 흰 눈을 머리에 쓰고 우뚝 서 있었다. 튠 호수(Thunersee)를 끼고 달린 열차는 곧 인터라켄에 닿았다. 1년에 한두 번은 다녀가는 친숙한 곳이지만 이번처럼 트레킹만 하러 오기는 처음이다. 많은 관광객으로 붐비는 기차역 앞 슈퍼마켓은 가는 날이 장날이라고 일요일이라 문이 닫혀 있었다. 유비무환에 강한 아내가 식량을 미리 사 가자고 했지만 인터라켄에 있는 큰 슈퍼마켓만 믿고 여기까지 왔는데...내 그럴 줄 알았다는 듯 실망한 아내의 모습과 생각해 두었던 맛있는 먹거리들이 날아가는 허탈감이란. 주변에 문을 연 식당 겸 카페에서 점심을 먹고 그다지 맘에 안 드는 빵이라도 확보해 두어야 했다. 열차를 타고 트레킹의 시작과 끝인 인터라켄 다음 역 빌더스빌(Wilderswil, 584m)에 내리니 다행히 역 앞의 작은 마트가 문을 열어 필요한 식량을 구해 의기양양하게 아내 앞에 내 놓을 수 있었다. 작은 관광열차로

갈아탄 우리는 곧장 쉬니케 플라테(Schynige Platte, 1967m)로 올랐다. 톱니바퀴 열차에는 우리 외에도 십여 명의 관광객이 함께 했다. 두 호수 사이에 낀 인터라켄을 내려다보며 산비탈을 끼고 오른 산악열차는 40분 걸려 쉬니케 플라테에 도착했다. 탁 트인 언덕의 기차역 풀밭에선 알프호른 연주자 수십 명이 둘러서서 알프스다운 멋진 화음을 만들어 내고 있었다. 연주자들의 나이로 보아 관광객들을 위해 자원봉사로 참가한 지역 주민들 같았다. 그 뒤로 아이거와 묀히, 융프라우뿐 아니라 베르너 오버란트의 명봉들이 파노라마를 이루고 있었다. 음악과 설산의 명봉들이 어우러진 풍경! 이제껏 그 봉우리들 주변에서만 보다 이렇게 한 발 물러선 곳에 마주 서니 나무만 보다가 숲을 보듯 거대한 경관이 한눈에 들어왔다. 관광객으로 북적이는 전망대 뒤편 식물정원으로 이어진 완만한 길을 따라 트레킹은 시작되고, 북동쪽으로 이어진 능선의 산허리를 돌아 올라야 한다. 오후 3시가 넘어서인지 우리와는 반대로 내려오는 트레커들이 많았고 산악자전거 타는 이들이 간간이 스치고 지나간다. 가는 도중 몇 군데 언덕에서는 인터라켄의 에메랄드빛 두 호수가 선명하게 내려다 보였

다. 산허리를 돌아갈수록 인터라켄은 멀어지고 설산이 가까이 보였지만 앞에 가로놓인 바위장벽에 가리곤 했다.

제기스탈(Sägistal) 계곡을 왼편 아래에 두고 산비탈을 가로질러 오버베르크호른(Oberberghorn)과 라우헤르호른(Laucherhorn)을 끼고 도는데 두 시간 가까이 흘렀다. 시즌 초인 6, 7월에는 설사면이 남아 있어 주의해야 하는 곳이다. 산길 아래로 펼쳐진 풀밭에는 소들이 풀을 뜯으며 종소리를 내고 있었다. 그 아래 제기스탈 호수(Sägistalsee)를 지켜보며 산허리를 돌아 오르니 멘들레넨 산장(Männdlenen Hut, 2344m)이 나타났다. 이미 저녁 6시가 넘었다. 산장 위 돌계단을 지나 반 시간 오르자 전망이 트이면서 서쪽 하늘이 붉게 물들기 시작했다. 인터라켄의 두 호수 위로 붉은 태양이 두둥실 떠 일몰의 장관을 준비하고 있었다. 하지만 동쪽은 바위 언덕이 가로막아 베르너 오버란트의 봉우리들은 보이지 않았다. 이 멋진 경관들을 보기 위해 입장표 한 번 끊어본 적 없지만, 알프스 일몰의 대 서사시를 한쪽 면에서만 보는 것으로는 만족할 수 없어 걸음을 재촉한다.

로얄석을 얻기 위해 숨이 턱에 찰 정도로 헐떡이며 바위능선에 올랐다. 황금빛에서 다홍으로 시나브로 변해가는 하늘 반대편에 아이거, 묀히, 융프라우의 삼두마차가 흰 눈을 쓰고 불쑥 솟아올라 내려다보고 있었다. 드넓게 펼쳐진 파노라마가 압도적인 풍경으로 가슴 가득 들어왔지만 만년설산에 드리워졌던 붉은 빛은 사라진 다음이었고 푸른 하늘에 보라색

기운만 감돌았다. 주 무대에 조명이 비껴가 기대에 못 미친 풍경이었지만 이것만으로도 충분했다. 학창시절부터 수십 년간 오르내렸던 봉우리들을 처음으로 한꺼번에 지켜보는 감회가 아쉬운 마음을 달래고도 남았다. 20대에 맨 처음 오른 아이거부터 이제껏 네 번이나 오른 묀히, 그리고 두 번씩 오른 귄스터라르호른이나 힌터 피셔호른과 그로스 피셔호른 등 하늘을 향해 거침없이 솟은 설산의 능선이 한 눈에 들어왔다. 저 봉우리들에서 온 몸으로 부대꼈던 추억들이 주마등처럼 스치고 지나간다. 남다른 감회에 젖어 바위 언덕에 텐트를 치는 동안 언젠가부터 등 뒤로 보름달이 떠올라 있었다. 하늘을 향해 뾰족하게 솟은 만년설산의 침봉들과 그 모든 것을 포용하고도 남을 넉넉한 둥근 달이 어울려 만드는 실루엣, 아이거 북벽 갱도에서 흘러나오는 추억의 불빛과 밤하늘의 별빛이 오늘 밤 우주 쇼의 절정을 이루고 있었다.

  새로운 풍경에 대한 설렘 때문에 잠꾸러기 아내까지 부지런을 떨어 우리는 새벽 5시에 일어났다. 그린델발트 계곡 건너편의 만년설들은 여전히 어둠에 잠겨 있었지만 그 위용만은 밤새 잠들지도 않았다. 서서히 밝아 오는 새벽 여명 속에 길을 떠나 파울호른(Faulhorn, 2681m) 쪽으로, 해 뜰

225

무렵의 파노라마 속으로 다가갔다. 흰 산 위의 하늘이 드디어 보랏빛으로 물들고 설산에 드리운 새벽노을을 거두어들이면서 하루가 시작되었다. 해가 차츰 떠오르면서 우리가 걷고 있던 능선으로 구름이 넘어오기 시작하더니 어느새 우리는 구름 속을 걷고 있었다. 파울호른 꼭대기에는 할 수 없이 못가고 산허리를 돌았다. 꼭대기에 서 있는 파울호른 산장이 구름 사이로 얼핏 보였다. 바위산 정상에 지어진 산장은 요새처럼 보였다. 이제 길은 가슨보든 안부(Gassenboden saddle, 2553m)로 향하는 완만한 내리막이었다. 곧이어 도착한 고개에서 동쪽으로 방향을 틀어 바흐제 호수(Bachsee, 2265m) 쪽으로 난 길을 따라 내려간다. 도중에 대피소가 두 개 있었으며 고개에서 반 시간 만에 호수에 닿았다. 호수 주변에는 이제 막 일어난 듯 텐트 주변을 서성이는 트레커들이 몇 있었으며 낚싯대를 드리우고 있는 이도 있었다.

 설산이 호수에 담기는 풍경이 좋긴 했지만 이제껏 좋은 풍경을 너무 많이 봐 온 탓인지 기대에 못 미쳤다. 뿌연 하늘에 뭉글뭉글 피어난 구름이 봉우리들을 가려 수면에 담기는 걸 방해하고 호수면도 바람에 일렁였다. 그래도 큼직한 카메라를 들고 있던 트레커 한 명은 촬영에 열중해 있었다. 우리는 호숫가에서 설산을 감상하면서 커피를 마시고 또 걸

었다. 피르스트(First, 2167m)까지는 잘 닦인 산책로가 이어졌다. 베터호른과 핀스터르호른을 앞에 보면서 걸어 한 시간 만에 피르스트에 닿았다. 곤돌라를 타고 오른 많은 이들이 바호제 호수로 오르는 모습을 보며 우리는 계속해서 산허리를 끼고 걸어 그로세 샤이데크(Grosse Scheidegg, 1962m)로 향했다. 한 시간 만에 그로세 샤이데크에 도착해 배낭을 막 풀려는데, 그린델발트로 내려가는 버스가 나타났다. 지도를 보니 도로 옆을 따라 베터호른 호텔(1228m)까지 한 시간 이상 내리막을 걸어야겠기에 주저 없이 버스에 올랐다. 스위스 패스가 없어 꽤 비싼 요금을 지불하고 탄 버스는 10분 만에 호텔 앞에 우리를 내려놓았다. 한 시간 이상 시간을 벌어 느긋하게 걷기로 했는데, 이 때문에 더 늦게까지 걷게 될 줄이야.

　베터호른 호텔에서 길은 오버 그린델발트 빙하에서 흘러내리는 급류의 다리를 건너 전나무 숲으로 난 길과 연결되고, 도중에 낙석의 위험에 대비해 2005년에 만든 터널(Breitlouwina Tunnel)을 지나기도 하며 핑스

테크(Pfingstegg, 1392m)르 이어진다. 그린델발트에서 케이블카로 오르는 핑스테크 전당대에서 땀을 식힌 다음, 운터 그린델발트 빙하가 만든 협곡을 건넜다. 내리막을 반 시간 걸어 협곡에 놓인 다리를 건너자 오르막이 시작되었다. 이제 아이거 북벽의 끝자락에 접어든 셈이다. 우측 아래에 그린델발트 계곡을 굽어보며 전나무 숲 사이로 이어진 오르막은 끝이 없었다. 알피그렌(Alpiglen, 1620m)으로 이어진 길을 계속 따라가지만 아이거의 품이 이렇게나 넓은가 싶을 정도로 힘겨울 무렵에야 겨우 나무들의 키가 작아졌다. 온통 바위뿐인 북벽 끝자락에서 흘러내리는 물 한 방울 없이 그야말로 타는 목마름으로 한참을 더 가서야 눈이 남아 있는 골짜기 아래에 차갑고 맑은 빙하수가 흘러 수통을 채울 수 있었다. 감로수로 갈증을 풀고 불타는 발바닥은 빙하 족탕으로 달랜 후 다시 걷다가 알피그렌으로 이어진 지름길 같은 내리막을 잡목을 헤치며 걸었더니 거대한 급류에 가로막혀 끊긴 옛길이었다. 예전에 사용하던 나무다리가 허탈하게도 끊어져 있었다. 갈없이 뒤따르던 아내의 찌릿한 눈총에 뒷덜미가 뜨끈했지만 도른척할 수밖에. 아~ 나도 이렇게 헛다리를 짚을 수도 있구나. 이 자책을 아내는 아는지.

한 시간가량이나 허비하고 허탕을 치고 돌아와 알피그렌과 아이거 트레일이 시작되는 삼거리에 겨우 이르니 해가 기울고 있었다. 얼마 지나지 않아 알피그렌에 도착하고 바로 클라이네 샤이데크 (Kleine Scheidegg, 2061m)로 올랐다. 아이거 북벽뿐 아니라 묀히와 융프라우에 드리우

는 일몰의 빛과 풍경을 지켜보면서 하룻밤을 맞고 싶었다. 시차 및 고소 적응으로 지친 아내에게 클라이네 샤이데크에 가면 씻을 수도 있고 텐트 칠 폭신한 풀밭도 있다는 둥 감언이설로 달래면서 길을 재촉했건만 길을 잘못 든 탓에 기대하던 시간대는 이미 지나가고 있었다. 이럴 줄 알았으면 쉬어가면서 아내한테 점수나 딸 걸. 우리가 지나왔던 베터호른과 아이거에 지는 저녁놀만 겨우 일별하고 클라이네 샤이데크에 힘들게 도착하니 날이 어두워졌다.

 아이거에 가로막혀 달빛도 없어 어두운 기차역 뒤편 언덕에 텐트를 쳤다. 학창시절 아이거 북벽을 오를 때 맨 처음 이 풀밭과 인연을 맺어 종종 찾는 친숙한 장소였다. 어두운 밤하늘에 베르너 오버란트의 삼두마차는 전날 저녁에 비해 더욱 거대하게 펼쳐져 있었다. 하지만 새벽부터 저

녘까지 15시간 이상 걸은 피로 때문에 밤 풍경을 즐길 여유가 없었다. 다음날 아침, 융프라우가 유독 눈에 밟혔다. 이제껏 융프라우 등반에 몇 번 나섰지만 이상하게도 날씨나 눈 상태가 나빠 발길을 돌려야 했었다. 언젠가는 인연이 되겠지 여기며 클라이네 샤이데크를 떠났다. 하늘은 잔뜩 흐려 있었지만 구름 아래에 봉우리들이 모습을 드러냈다. 길은 기차역에서 융프라우 쪽으로 곧장 내려간다. 반 시간 만에 아이거글레처에서 내려오는 삼거리가 나타났으며 구릉을 따라 내렸다. 전나무 숲에 들어선 다음 비글렌알프 목장(Biglenalp)에 도착해 쉬고 있는데, 융프라우 북벽 쪽에서 거대한 세락이 굉음을 내며 무너지더니 폭포수처럼 흘러내렸다. 세상사 잊고 며칠 쉬어가고 싶은 숲과 계곡을 따라 길은 아이거, 묀히 융프라우 북벽의 장관을 뒤로하면서 융프라우 자락을 따라 이어졌다.

 융프라우 또한 아이거 못지않게 그 품이 넓어 반나절이나 걸어서야 라우터브루넨 계곡에 내려설 수 있었다. 라우터브루넨 윗마을 잔트바흐(Sandbach)에 도착하자 비가 내리기 시작했다. 마침 캠핑장이 있어 그곳에서 점심을 먹고 개울 옆을 따라 평탄한 산책로를 걸었다. 뮤렌으로 오르는 케이블카 역을 지나 한 시간 만에 슈테헬베르크(Stechelberg, 910m)에 닿았다. 비가 계속 내려 이곳에서 하루 머물까 싶다가 우선 식당에 들러 맥주라도 마시며 결정하기로 했다. 젖은 옷을 말리며 맥주와 음식을 먹고 있는데, 바로 옆에 앉은 미국인 부부가 말을 걸었다. 차를 빌려

관광 중인 그들에 비해 비까지 내리는 와중에도 캠핑을 고수하면서 걷고 있는 우리가 무척 인상 깊다며 놀라워했다. 컴퓨터 방면 사업차 얼마 전 부산에 다녀왔을 뿐 아니라 한국을 무척 좋아한다는 그들과 서로 굳은 악수를 하면서 헤어진 다음 계산을 하려는데, 그들이 우리 음식 값까지 지불한 사실을 알았다. 낯선 이로부터 뜻밖의 호의를 받아 놀랍기도 하면서 기분이 좋았다. 국적을 떠난 여행자들끼리의 우정 표현방법을 한 수 배우고 마침 비도 그쳐 가벼운 마음으로 우리는 계속 걷기로 했다.

슈테헬베르크에서 계곡을 따라 곧장 올랐다. 엄청나게 흘러내리는 급류의 규모로 봐서 계곡 위의 빙하와 봉우리들의 크기를 짐작할 수 있었다. 하지만 하늘은 잔뜩 흐려 있어 수목한계선 위로는 아무것도 보이지 않았다. 한 시간 반 후 계곡 위 마지막 마을(Trachsellauenen)을 지나자 우리의 기대를 저버리고 다시 비가 내렸으며 빗줄기는 점점 더 굵어졌다. 좀 더 오르니 갈림길이 나타났다. 왼편으로 가면 슈마드리 산장(Schmadri Hut, 2262m)으로 이어져 오버호른 호수(Oberhornsee)를 둘러보는 길이었지만 곧바로 오버슈타인베르크 산장(Obersteinberg, 1778m)으로 향했다. 전나무 숲 아래의 길을 한참 올라도 산장은 걷기만 해 큰 나무 아래에 적당히 잠자리를 마련했다. 다음날 아침에도 비는 그치지 않았다. 이슬비가 내리는 가운데, 급경사의 숲길을 한 시간 올라 오버슈타인베르크 산장에 도착했다. 산장에는 부부 트레커 둘만 있고 조용했다. 따뜻한 음식이 그리웠지만 식사가 안 되는 시간이라 커피와 큼지막한 호두 케이크를 먹으며 옷을 말렸다.

비가 그치고 태양과 함께 구름도 솟아오르자 눈 덮인 봉우리들이 얼핏

보였지만 한순간에 사라졌다. 산장을 나서면서 산장 옆의 농가를 둘러보고 있는데 고개를 푹 숙이고 한숨만 내쉬던 남편 옆에 있던 아주머니가, 치즈 만드는 과정을 유창한 영어로 열심히 설명해 주더니 치즈 창고까지 구경시켜주었다. 여기서 한 달 이상 숙성시켜 만든 치즈는 옆의 산장에 바로 공급한다고. 치즈 한 덩이가 너무 크고 자투리가 없어 구입치 못하고 그냥 떠나와 미안했다. 그래도 '6시 내 고향' 유의 방송 리포터처럼 말 잘하는 영국댁은 한적하기 만한 산 속에서 실력을 숨기며 살다가 외국인에게 수다를 떤 것만으로도 만족하지 않았을까.

구름 속으로 난 길은 지그재그 오르막으로 이어지고 수평으로 산허리를 돌았다. 혹 기대를 했건만 구름 사이로 더 이상 봉우리들이 보이지 않았다. 산허리를 다 돌자 곧장 내리막이었다. 수목한계선 아래 소나무가 있는 데까지 내려오자 부부 트레커가 올라왔다. 독일인인 그들은 우리가 한국인이라 했더니 자신들은 동독 출신이라 했다. 바로 며칠 전 북한의 포탄 도발 소식을 그들도 아는지 우리가 남과 북 어느 쪽에서 왔는지 물

었다. 그 순간 우리는 통일된 그들이 너무 부러웠고, 그들 역시 그들도 겪은 적 있는 분단의 아픔에 동질감을 느끼는 지 더없이 다정하게 그들의 일정과 숙박 정보를 알려 주었다. 가슴으로 번지는 찡한 감정을 품고 계속해서 전나무 숲을 끼고 하산해 계곡 건너편으로 짐멜발트(Gimmelwald)가 건너다보이는 사면을 따라 제피넨탈(Sefinental) 계곡으로 내려갔다. 계곡 바닥에 이르니 점심때가 훨씬 지났다. 비가 내릴 듯해 짐멜발트로 내려가 뮤렌으로 곧장 갈까 싶었지만 다시 산으로 향했다. 제피넨탈 계곡을 한 시간 따라 오른 다음, 오른편 사면을 끼고 올랐다.

계곡 바닥을 막 벗어날 즈음 비가 내리더니 줄곧 쏟아졌다. 목장을 지나 수목 한계선 위로 두 시간 이상 걸었으며 반 시간 더 오르자 목동들이 수로작업을 하고 있었다. 목장 바로 옆에 로트스톡 산장(Rotstock Hut, 2039m)이 있었다. 돌로 지은 멋진 산장에 들러 맥주를 마시며 산장지기에게 다음날 일기예보를 물었더니 그저 어깨만 들썩였다. 오늘과 별반 다르지 않다고. 007영화의 촬영지로도 유명한 쉴터호른 전망대에 올라본들 아무것도 보이지 않겠기에 계획을 바꿔 뮤렌으로 곧바로 하산하기로 하니 시간 여유가 있어 더 걷기로 했다.

산장을 떠나 목초지를 한참 걸어 내리는데, 70세는 훨씬 넘어 보이는 할

아버지가 혼자 비를 맞으면서 올라왔다. 그는 새벽부터 산장에서 같이 출발한 하와이 친구 둘이 뒤에 오는데, "알로하"라고 인사해 주면 더 힘이 날 것이라고 부탁했다. 한참 뒤에야 그들을 만나 반가운 마음에 "알로하"를 외쳤더니 한국에도 와 본적이 있고 한국을 좋아한다는 그들도 우리를 무척 반가워했다. 그들과 헤어지고도 한동안 빗속을 걷다가 드넓은 풀밭 어딘가에 소똥을 피해 텐트를 쳤다.

비는 밤새 내렸고 다음날 뮤렌으로 내려간 후에도 그치지 않았다. 트레킹 중에 이렇게 비를 흠뻑 맞기는 처음이다. 이틀 맞은 비에 텐트는 물바다가 되어 수해복구를 할 시간도 없었다. 뮤렌에서 시작하는 파노라마 뷰 코스에 접어들었지만 어떠한 경치도 구경치 못했다. 밤새 비가 내리고 다음날 오전 8시부터 오후 1시까지만 해가 난 다음 다시 날이 흐릴 거라는 일기예보를 확인하고 계획을 변경해 그뤼츠알프(Grütschalp, 1486m)로 내려가 케이블카를 타고 라우터브루넨에 도착, 시내에서 하

룻밤을 잤다. 다음날 일찍 다시 케이블카를 타고 올라 나머지 산행을 했는데, 비는 내리지 않았다. 목장(Sousmatten)까지 비스듬한 오르막이 이어지더니 로프호른 산장(Lobhorn Hütte, 1955m)까지 줄곧 오르막이었다. 3시간 만에 산장에 들어서니 산장지기 여성과 셰르파 한 명이 분주하게 일을 하다가 우리를 맞이하면서 네팔에서 왔냐고 웃으며 물었다. 커피 한잔의 휴식과 이런 저런 한담 후 산장을 나서 벨런알프 안부(Bällenalp, 1998m)를 넘자 인터라켄과 두 호수가 한눈에 들어왔다.

 안부에서 소시지를 데워 포도주를 마시면서, 며칠 간 내린 비로 좋은 전망을 놓친 아쉬운 산행이었지만 다음에 더 좋은 기회를 기약했다. 그리고 20분을 더 걸어 북쪽 언덕 벨레휘스트(Bällehochst, 2095m)에 올라 베르너 오버란트의 삼두마차가 구름을 헤치고 솟아오르기를 기다렸다. 그렇지만 잠시 머리만 보이는가 하더니 구름 장막 속으로 다시 들어가는 그들의 모습에 조바심만 들었다. 다음날 날씨가 좋으면 하루 더 머물고 싶은 마음 간절했지만 비가 온다는 일기예보를 들은 뒤라 아쉬운 마음을 접고 구름 사이로 얼핏얼핏 보이는 베르너 오버란트의 거인들과 작별했다. 벨런알프 안부에서는 넓은 목장 사이로 길이 나 있었다. 내려가는 길에 예상치도 못하고 마주친 두 개의 멋진 폭포를 보면서 아쉬운 마음을 조금이나마 달래고 작스튼(Saxeten, 1103m)까지 긴 하산 길에 올라 출발지인 빌더스빌로 내려왔다.

4-내가 오른 봉우리들

Finsteraarhorn   Fiescherhorn

 필자는 학창시절이었던 1990년에 아이거 북벽을 오르면서 처음으로 베르너 오버란트 산군과 인연을 맺었다. 그 후 종종 이곳을 찾아 몇몇 봉우리를 오르긴 했지만 몽블랑 산군에 비해 많은 등반을 하지는 못했다. 더구나 융프라우는 날씨 등의 이유로 한 번도 오르지 못했다. 이제껏 오른 몇몇 봉우리들은 묀히와 그로스 피셔호른, 힌터 피셔호른, 그리고 핀스터라르호른 등이다. 네 번 오른 묀히를 비롯하여 다들 두 번 이상 올랐다.
 다음 페이지의 지도를 보면 알겠지만 산행의 출발은 융프라우요흐에서 시작했다. 우선 묀히를 오르고 (구은수 씨와 함께 한 1999년에는) 피셔호른을 오른 다음, 피셔 빙하를 내려가 핀스터라르호른을 오르고 그림셀 고개로 하산했다. 그리고 (임덕용 선배와 나현숙 씨와 함께 한) 2008년에는 묀히를 오른 다음, 콩고르디아플라츠로 내려가 그루호른 고개를 넘어 핀스터라르호른을 오르고서 피셔 빙하를 따라 올라 두 피셔호른을 등정하고 융프라우요흐로 돌아왔다. 아이거 북벽은 전문 산악인의 등반대상지이지만 다른 봉우리들은 알파인 등반 초중급자들도 즐겨 오를 수 있다. 위의 일정은 삼사일 걸리는 장거리 알파인 등반으로 4000미터 봉우리들을 한꺼번에 여럿 오를 수 있어 멋진 알파인 추억을 남길 수 있다.

필자의 아이거 북벽 등반 모습.

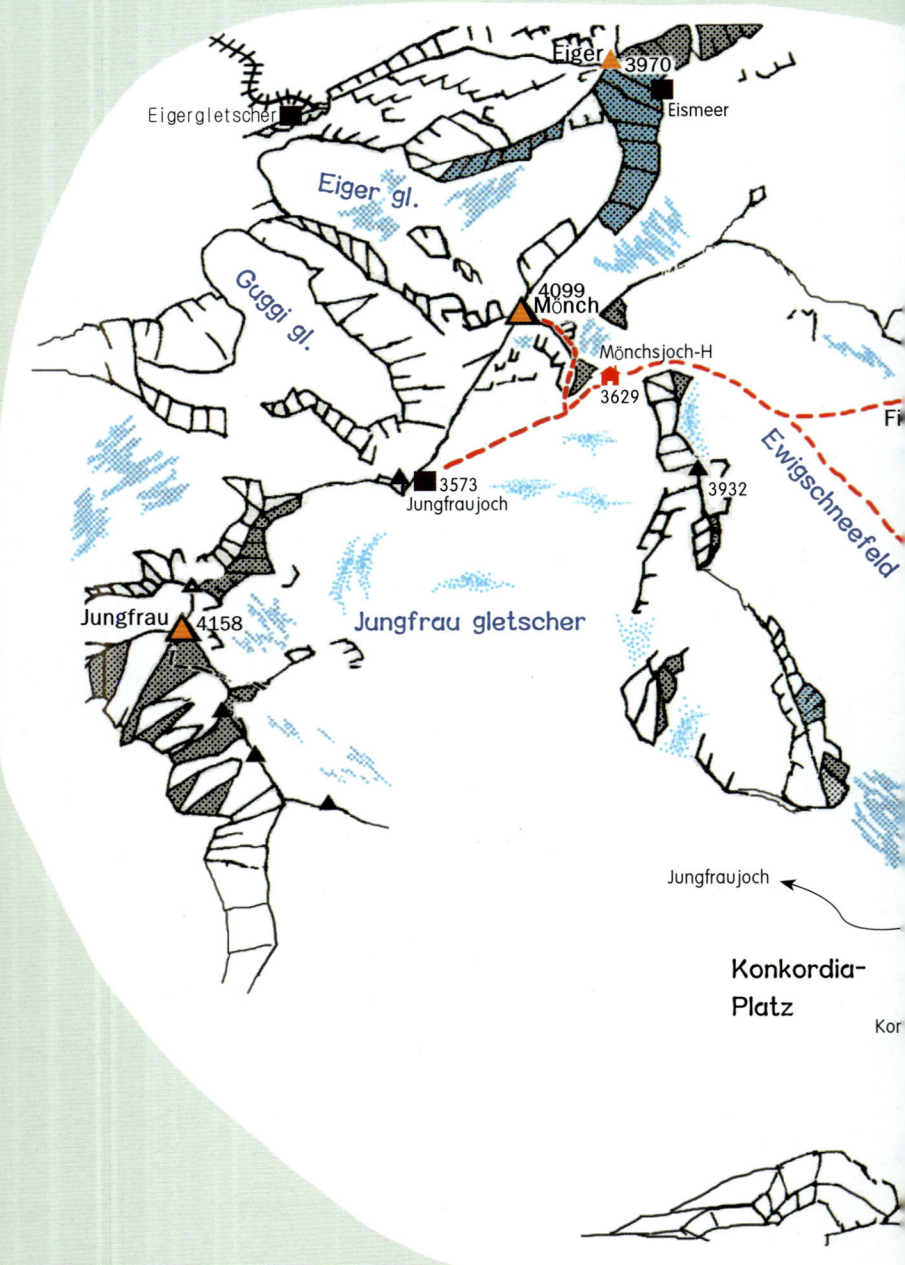

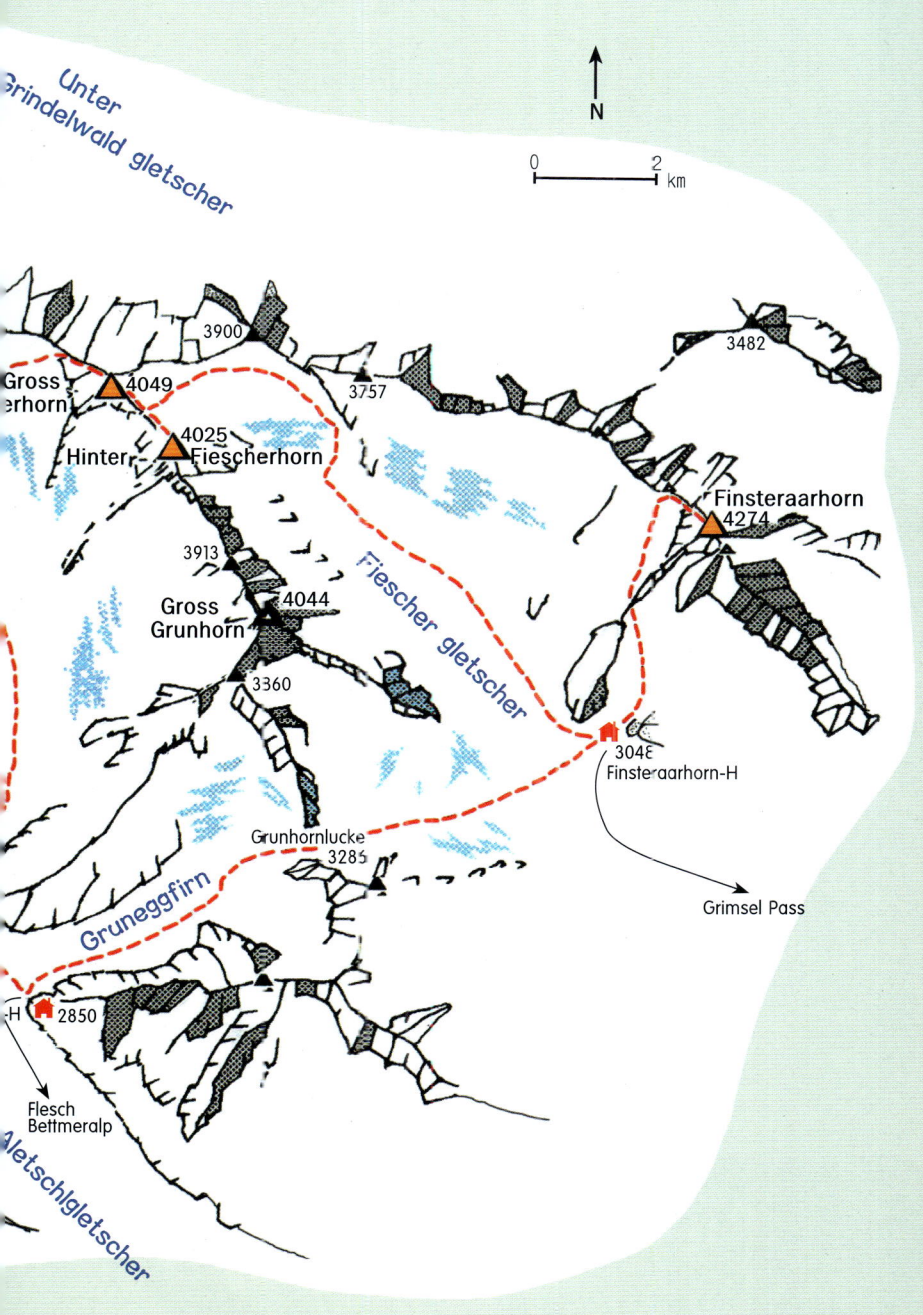

그로스 피셔호른(4049m)을 등정하고 북서릉(AD/Ⅰ Ⅰ Ⅰ급, 일부구간 50도 이상 믹스지대)을 경유해 묀히요흐 산장 쪽으로 하산하고 있다.

융프라우요흐 전망대에서 본 묀히 (Mönch, 4099m). 오른편 공제선이 일반 루트인 남동릉으로 500미터 표고차를 올리는 PD(암릉II급/빙설 45도)급의 난이도이다. 묀히요흐 산장에서 약 3시간 걸린다. 능선의 절반 이상을 아이젠을 신은 채 암릉으로 올라야 하기에 주의해야 하며 정상부 설릉에서도 신설이 내린 다음, 정오 이후에는 특히 조심해야 한다.

Hinter-Fiescherhorn
Gross-Fiescherhorn
Gr

묀히 정상 능선.
커니스 진 설릉의 남측면을 따라 오른다. 신설이 내린 다음에는 간혹 눈사태의 위험도 있다.

그로스 피셔호른 정상부
암설 혼합지대.

힌터 피셔호른 정상부.

핀스터라르호른을 배경으로 피셔 빙하를 거슬러 올라 피셔호른으로 접근하고 있다. 그로스 피셔호른과 힌터 피셔호른 사이의 안부 쪽으로 오른다.

핀스터라르호른 북서릉 아래까지 긴 설사면(35도 경사도)을 올라야 한다.

핀스터라르호른 정상부 북서릉 (II급 암빙설). 눈 대신 간혹 얼음이 얼어 있을 수 있어 주의를 요한다.

핀스터라르호른 정상 능선. 암릉에 커니스가 생기는 경우도 있어 주의를 요하며. 자일이 바람에 날리는 것처럼 정상부에서는 바람이 세다.

5-각종 연락처

1구간
Berghotel Schynige Platte(1980m) : 5월~10월(tel. 033 828 7373) / www.schynigeplatte.ch
Berghütte Männdlenen(Weber Hut, 2344m) : 6월 말~10월 중순(tel. 033 853 4464) / www.berghaus-maenndlenen.ch
Berghotel Faulhorn(2681m) : 6월 말~10월 중순(tel. 033 853 2713) / www.berghotel-faulhorn.ch
Berghaus First(2167m) : 5월 중순~10월 말(tel. 033 853 1284) / www.berghausfirst.ch

2구간
Berghotel Grosse Scheidegg(1962m) : 6월~10월 중순(tel. 033 853 6716) / www.scheidegg.ch.vu
Wetterhorn Hotel(1228m) : tel. 033 853 1218 / www.hotel-wetterhorn.ch
Alpiglen(Berghaus Des Alpes, 1620m) : tel. 033 853 1130 / www.alpiglen.ch

3구간
Kleine Scheidegg(2061m) :
Hotel Bellevue des Alpes : tel. 033 855 1212 / www.scheidegg-hotel.ch
Bahnhof Restaurant : tel. 033 855 1151
Grindelwaldblick(2116m) : tel. 033 855 1374 / www.grindelwaldblick.ch
Berggasthaus Mannlichen : tel. 033 853 1068

Stechelberg(910m) :
Hotel Stechelberg : tel. 033 855 2921 / www.stechelberg.ch
The Alpenhof : tel. 033 855 1202 / www.alpenhof-stechelberg.ch

4구간
Berghaus Trachsellauenen(1201m) : tel. 033 855 1235
Berghotel Obersteinberg(1778m) : 6월~9월 말(tel. 033 855 2033)
Hotel Tschingelhorn(1678m) : 6월~9월 말(tel. 033 855 1343)
Busenalp(1841m) : 7월~9월 중순(tel. 079 364 7022)
Rotstock Hütte(2039m) : 6월~9월 말(tel. 033 855 2464) / www.rotstockhuette.ch
Pension Suppenalp(1852m) : 6월 중순~9월말(tel. 033 855 1726) / www.suppenalp.ch
Pension Sonnenberg(1852m) : tel. 033 855 1127

5구간
Lobhorn Hütte(1955m) : 6월~10월 중순(tel. 079 656 5320)
Saxeten(1103m) / Hotel Alpenrose : tel. 033 822 1834
Wilderswil(584m)
Gasthof Hirschen : tel. 033 822 3551
Luna Motel : tel. 033 822 8414

www.myswitzerland.com
www.grindelwald.com
www.lauterbrunnen.ch
www.wengen-muerren.ch
www.schilthorn.ch
www.wilderswil.ch